发展生物学文本阅读素养的教学设计

从理论到实践

任智安◎编著

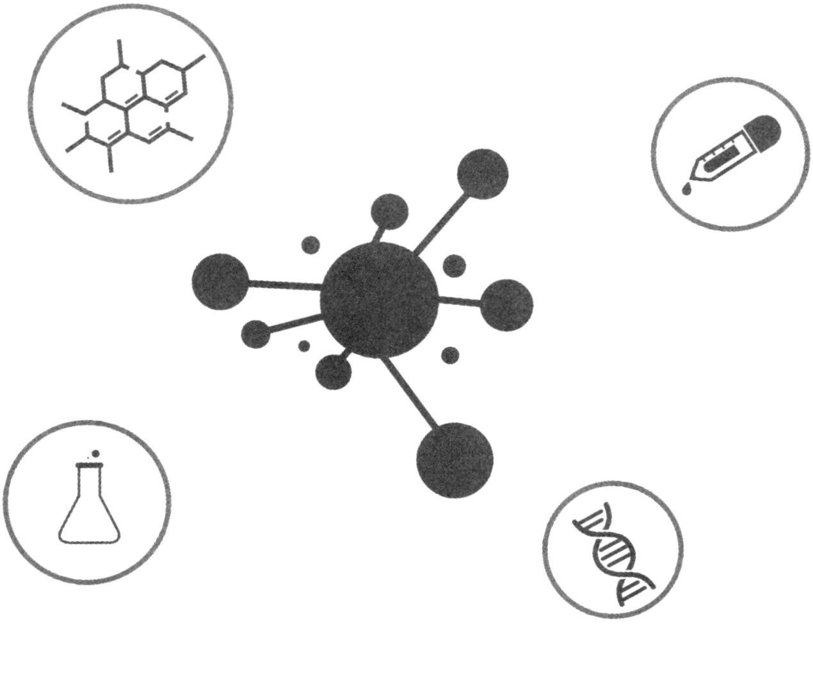

人民东方出版传媒
People's Oriental Publishing & Media
東方出版社
The Oriental Press

图书在版编目（CIP）数据

发展生物学文本阅读素养的教学设计：从理论到实践 / 任智安编著. —北京：东方出版社，2022.8
ISBN 978-7-5207-2428-9

Ⅰ.①发… Ⅱ.①任… Ⅲ.①生物课—高中—升学参考资料 Ⅳ.① G634.913

中国版本图书馆 CIP 数据核字（2022）第 081771 号

发展生物学文本阅读素养的教学设计：从理论到实践
（FAZHAN SHENGWUXUE WENBEN YUEDU SUYANG DE JIAOXUE SHEJI：CONG LILUN DAO SHIJIAN）

作　　者：任智安
责任编辑：黄彩霞
出　　版：東方出版社
发　　行：人民东方出版传媒有限公司
地　　址：北京市西城区北三环中路 6 号
邮政编码：100120
印　　刷：北京明恒达印务有限公司
版　　次：2022 年 8 月第 1 版
印　　次：2022 年 8 月北京第 1 次印刷
开　　本：710 毫米 ×1000 毫米　1/16
印　　张：15
字　　数：188 千字
书　　号：ISBN 978-7-5207-2428-9
定　　价：88.00 元
发行电话：（010）85924663　85924644　85924641

本书编写委员会

编　　著　任智安

参编人员　常振宇　卫青华　曹　凯　庄玉静

前言

阅读，是人们耳熟能详的一个词。每一个家庭、每一个学生、每一个老师，都与阅读息息相关。在信息时代，科技迎来了新的革命，改变了人们的生活和学习方式。如果询问一位小学生或者中学生，他平时有没有读书的兴趣和习惯；如果询问一位家长，孩子在家里有没有阅读；或者我们去详细了解班级里的学生平时都读什么书，得到的答案同目前的国民阅读现状一样令人担忧。自媒体、短视频发展迅速，信息在爆炸式增长，未经考证的信息、自娱自乐的网文以及琐碎且抓眼球的短视频充斥着我们的生活，也正在吞噬中小学生宝贵的阅读时间和兴趣，不断消磨他们的阅读态度和阅读能力。

在 PISA（Programme for International Student Assessment，国际学生能力评价项目）被国内部分城市引入试点约 10 年后，新高考在全国有序展开。新高考除了在语文、英语等传统语言类学科中考查阅读能力，在其他学科考试中也明显加大了试题的阅读量和阅读难度。北京中高考生物卷分别命制了一道阅读大题，以此引导中小学生重视科普科技类文本的阅读。当前中小学生阅读现状令人堪忧，中高考考试命题的变化正是对此作出的回应，也从教育教学指挥棒的角度带动引领全社会重视起中小学生的阅读。这是摆在中小学教师课堂教学上的一道难题，虽然困难但必须克服。

从PISA到中高考试题对科普科技类文本阅读素养的考查，可见阅读的重要性。我们每一个人都需要阅读，用阅读收获有益身心的知识，摒弃杂乱无章、良莠不齐的信息；用阅读与时空交换，拓展思维的广度和深度，提升自身学习和生活的品质。我们还需要强化科普科技类文本的阅读，用生物学科普知识、科技知识认识日新月异的世界。信息时代需要每一位公民具有一定的科学素养，其中包括科技文本的阅读能力。在信息时代阅读需求和中高考评价的指挥引领下，生物学文本阅读素养的发展已提上日程。

2020年北京高考体现新课程、新课标、新教材的要求，生物学高考试题体现出鲜明的特色。生物学高考由原来的理综形式考查走向单科独立命题，题目的命制和设计保留原有“素养导向、能力立意”的鲜明特色，最独特的当属试卷命制设计了一道科技文本阅读题。

科技文本阅读题在基础教育测评中已有实施。PISA国际测试注重对阅读、科技和数学素养的考查，PISA测试题中对非连续文本的阅读测评非常突出，将科学素养和阅读素养整合在一起的科技文本阅读测试是PISA测试的亮点。自PISA国际测试走进我国部分省市后，它对国内中学阅读、科学素养测评试题的开发与设计有着非常强烈的引领作用。在PISA国际测试背景下，在当前中学生阅读素养、科学素养处于较低水平的现状下，北京市中考部分学科试题中开始命制科普阅读题。2018年北京中考生物卷开始命制科普阅读题。2020年北京高考生物卷中科技文本阅读题的命制，正是在上述背景下对科学阅读素养测试的延续和升级。

生物学高考题中的科技文本是命题者基于权威文献改编而成的，内容具有前沿性、新颖性、综合性和简洁性等特征。科技文本内容涵盖生物学各方面，但整体偏向于生物学前沿科技进展，关注教材核心主干知识。文本形式是非典型的非连续文本，大多数文本含有图像，文字部分体裁偏向科技说明文类。在高考评价强大的指挥引领下，教学中发展生物学文本阅读素养已刻不容缓。

提高阅读素养是一项系统的工程，关联学校、家庭和社会，关联课堂、课下和假期。因此，发展学生生物学文本阅读素养势必从理论到实践，在运用策略发展生物学文本阅读素养前，必须厘清阅读素养的内涵，厘清生物学文本的特征，厘清阅读素养测评的参考框架，还应该对中高考科普科技类文本阅读测评进行系统剖析，以寻找推动生物学文本阅读素养发展的科学有效的策略。

基于对当前中学生阅读素养现状和生物学科技文本阅读素养现状的分析，基于对科技文本阅读题命制背景分析，基于对科技文本阅读高考题的剖析，基于对高中生物学教情和学情分析，本书将发展生物学文本阅读素养策略设计为四个方面：第一，基于教材文本阅读的教学策略；第二，基于科技文本阅读的教学策略；第三，基于典型非连续文本阅读的教学策略；第四，基于课外阅读的教学策略。针对上述策略，本书收集并整理了笔者和同事们相关教学设计与学案设计，供同人阅读参考。

由于水平有限，笔者对指向科技文本阅读的生物学文本阅读素养发展的认识还不是很充分，在分析和实践中不可避免存在着诸多问题，甚至产生错误的认识和分析，恳请各位同人和读者给予批评指正！在未来的教学实践中，笔者和同事们将继续专注于生物学文本阅读素养发展的实践研究，及时分享我们的实践研究成果，以供大家学习交流。

任智安

2022 年 1 月

目录

第一章

生物学文本阅读素养

第一节
生物学文本的基本特征

生物学是研究生物的结构、功能、发生和发展规律的科学，是自然科学的一个分支。生物学也是以实验为基础的实验学科。阐述生物生命现象和生命活动规律的文本有其自身的一些特征，如：研究的对象是生命系统，小到细胞，大到生态系统；研究水平层次性强，从基因、蛋白质研究的分子水平，到细胞水平、器官水平、个体水平和种群群落水平，有很强的层次性。生物学文本就是阐述和说明生命现象和生命活动规律的文本。生物学属于自然科学，生物学文本拥有自然科学文本的特点和规律，既含有丰富的科学史，又含有大量的数据和图像，含有对生命机制的说明。生物学亦属于实验学科，生物学文本又具备实验报告文本的特点和规律，文本中含有完整的实验设计和实验成果，以及对实验成败的客观分析。

当前，中学生在学习过程中阅读的生物学文本主要是教材文本和习题文本，另外还包括在生活中会阅读到的一些文本，像药物说明书、体检报告、科技文章和科普书籍等文本。认识事物需从其特征和本质出发。认识和了解生物学文本的特征，有助于教师在教学中指导学生寻找生物学文本阅读的技巧和方法，这对于提高学生生物学文本阅读素养有利，能为学生整体阅读素养提高和发展学生核心素养奠定坚实的基础。

一、生物学文本的体裁以说明文为主

生物学文本在揭示生命现象和生命活动规律时，往往需要说明生命现象发生的生理原因、物质与结构条件、生命活动规律特征、生物技术操作的流程等。这是诸多生命观念的内涵体现，比如“结构与功能相适应”“物质和能量观”“进化与适应观”“信息观”“系统观”“稳态与平衡观”等。因此，生物学文本中会有“物质与结构的说明”“功能和原理的说明”“技术原理和操作的说明”等。比如以下文本：

核酸疫苗也被称为基因疫苗，包括DNA疫苗和mRNA疫苗，其原理是将某种抗原的DNA或mRNA序列经肌肉注射或微弹轰击等导入宿主体内，在宿主细胞中表达抗原蛋白，诱导机体产生对该抗原蛋白的免疫效应，以达到预防和治疗疾病的目的。核酸疫苗的开发操作简便，生产成本低，开发与生产周期短，对冷链运输要求低，可以快速响应疫情需要。

（节选自《东城2020—2021学年第一学期期末考试高三生物试卷》第19题）

上述科学说明文和一般说明文一样，也是以“说明”为主要表达方式，以传授科学知识为根本任务，介绍事物，阐明事理，说明事物运动、变化、发展的规律。这段生物学文本主要就是说明核酸疫苗的种类、制作原理、特点。以“说明”为主是说明文与其他文体从表达方式上区别的标志。

在各种文章样式中，说明文是一种客观地说明事物、阐明事理的文体。在人们的社会生活中，说明文越来越显示出它的重要作用和实用价值。说明文的特点是“说”，而且具有一定的知识性。这种知识或者来自有关科学研究资料，或者是亲身实践、调查、考察所得，具有严格的科学性。为了把事物说明白，就必须把握事物的特征，进而揭示出事物的本质属性，即不仅要说明“是什么”，还要说明“为什么”。应用性说明文一般只要求说明事物的特征，阐述性说明文则必须揭示出问题的本源和实质。

说明文虽是以说明为主要表达方式的一类文种，但若没有其他表达方式（如叙述、议论、描写等）的恰当配合，则无法圆满地完成向读者介绍事物、解释事理的任务。

二、实验报告是生物学文本的重要题材

以实验为基础的学科，其知识概念体系是以实验得到的事实证据为基础的。无论是细胞生物学、分子生物学还是遗传学、生态学，生物学文本均是如此。在中学生物学教学中，概念教学是基本的教学策略，学习概念必然离不开对实验报告中数据的解读以及对证据逻辑的推断和总结。也正因为如此，当前 PISA 和发达地区的生物学考试命题都很关注科技文本阅读的考查，而科技文本阅读题又源于科技研究论文。

实验报告是在科学研究活动中人们为了检验某一种科学理论或假设，通过实验中的观察、分析、综合、判断，如实地把实验的全过程和实验结果用文字形式记录下来的书面材料。实验报告具有情报交流和保留资料的作用。

科技实验报告是描述、记录某个科研课题过程和结果的一种科技应用文体。撰写实验报告是科技实验工作不可缺少的重要环节。虽然实验报告与科技论文一样都以文字形式阐明了科学研究的成果，但二者在内容和表达方式上仍有所差别。科技论文一般是把成功的实验结果作为论证科学观点的根据。实验报告则客观地记录实验的过程和结果，

着重告知一项科学事实，不夹带实验者的主观看法。

显然，实验报告不仅有大量的连续文本，以表述实验背景、原理和方法；而且配有大量的数据表格、曲线图等非连续文本，以简洁直观地表达复杂的逻辑信息。这两部分文本共同组成体量较大的混合式文本。比如以下文本：

北极圈附近的A群岛由众多生态环境相似的岛屿组成，是许多海鸟的栖息地。一百多年以前，北极狐被引入到一些岛屿上定居。几十年后发现，无北极狐岛（W岛）的植物群落无明显变化，而有北极狐岛（Y岛）上较高的草本植物明显减少，苔藓增加。为分析北极狐的引入是否导致植物群落的变化，生态学家进行了相关研究。研究者调查了若干Y岛和W岛的海鸟密度，统计结果如图。

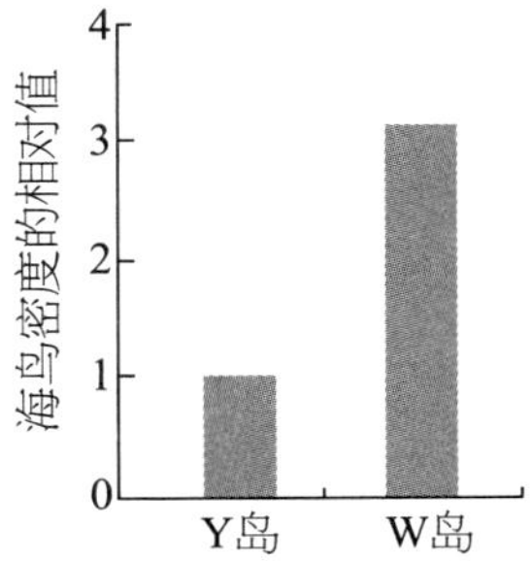

由图可知，Y岛上的海鸟密度比W岛小。

（节选自《2020年北京市普通高中学业水平等级性考试生物学试卷》第16题）

从上述实验报告文本实例分析，实验报告一般具有如下特点：

正确性。实验报告的写作对象是科学实验的客观事实，内容科学，表述真实、质朴，判断恰当。结论基于证据和逻辑论辩。

客观性。实验报告以客观的科学研究的事实为写作对象，是对科学实验的过程和结果的真实记录，虽然也要表明对某些问题的观点和意见，但这些观点和意见都是在客观事实的基础上提出的。

确证性，即可重复性。实验报告中记载的实验结果能被任何人重复和证实，也就是说，任何人按给定的条件去重复这项实验，无论何时何地，都能观察到相同的科学现象，得到同样的结果。

可读性。为使读者了解复杂的实验过程，实验报告的写作除了以文字叙述和说明，还常常借助图像、表格、曲线图等来说明实验的基本原理和各步骤之间的关系，解释实验结果等。对于一般中学生和大众，上述实例文本阅读起来都并不生涩难懂，而是图文并茂，证据充分，可读性很强。

第二节
生物学文本的文本形式

从学科属性角度来看，生物学文本属于自然科学文本，主要是以科技、科普、科学原理和科学史为主要内容的短篇阅读文章，主要包括科普类文本和科技类文本。从内容角度来看，无论是教材、习题、实验报告还是科技论文，都有叙事、论理和说明的连续文本，也必然有表格、曲线图、装置原理图、柱状数据图等典型非连续文本。因此，在中学生物学学习与教学中，教材主要是连续文本和非连续文本混编的混合文本；习题、实验报告和科技论文属于非连续文本或者部分属于非典型的非连续文本；科普文章、科技类图书同样属于混合文本。另外，文本的分类在不同领域存在一定的差异，如何界定及如何分类并不是本书的目的，只是在这里提出以供参考，如何提升生物学文本阅读素养才是本书撰写之目的。比如，语文学科高考题中命制有非连续文本阅读试题，这里的非连续文本阅读指的是几段毫无关联的文字，组成一道文本阅读题。而以上对生物学文本形式的简单界定，是在对PISA阅读素养测评框架进行分析的基础上提出的，仅供参考。

一、连续文本

连续文本是由句、段构成的文本，句子是文本的最小单位，如报道、故事、评论或信件等都是连续文本。连续文本承载信息的是文字或符号，从左到右成一行，连接每一行就成了一条连续的线。诗歌、散文、小说、剧本、论文和政史地课文，以及中小学数学、物理、化学的式子都属于连续文本。连续文本的范文举例如下：

生物入侵者

如果一个物种在新的生存环境中不受同类的食物竞争以及天敌伤害等诸多因素制约，它很可能会无节制地繁衍。1988年，几只原本生活在欧洲大陆的斑贝（一种类似河蚌的软体动物）被一艘货船带到北美大陆。当时，这些混杂在舱底货物中的“偷渡者”并没有引起当地人的注意，它们被随便丢弃在五大湖附近的水域中。然而令人始料不及的是，这里竟成了斑贝的“天堂”。由于没有天敌的制约，斑贝的数量急剧增加，五大湖内的疏水管道几乎全被它们“占领”。到目前为止，人们为了清理和更换管道已耗资数十亿美元。来自亚洲的天牛和南美的红蚂蚁是另外两种困扰美国人的“入侵者”，前者疯狂破坏芝加哥和纽约的树木，后者则专门叮咬人畜，传播疾病。

“生物入侵者”在给人类造成难以估量的经济损失的同时，也对被入侵地的其他物种以及物种的多样性构成极大威胁。二战期间，棕树蛇随一艘军用货船落户关岛，这种栖息在树上的爬行动物专门捕猎鸟类，侵占鸟巢，以鸟蛋为食物。从二战至今，关岛本地的11种鸟类中已有9种被棕树蛇赶尽杀绝，仅存的两种鸟类的数量也在与日俱减，随时有绝种的危险。一些生物学家在乘坐由关岛飞往夏威夷的飞机时曾先后6次看到棕树蛇的身影。他们警告说，夏威夷岛上没有任何可以扼制棕树蛇繁衍的天敌，一旦棕树蛇在夏威夷安家落户，该岛的鸟类将在劫难逃。

（节选自人教版八年级语文教材课文《生物入侵者》）

上述文本全由文字组成，各段落大意均围绕“生物入侵者”展开，属于连续文本，但行文又不同于小说、课文等，它用高度概括的信息聚焦一个主题进行叙述。同时，它明显区分于表格、说明书等非连续文本，也可界定为非典型的连续文本。在本书问题的探讨中，暂且把这类文本均界定为非典型的连续文本。

二、非连续文本

非连续文本（Non-continuous Texts）的表述源自 PISA 阅读素养测试项目。非连续文本是由表单构成的文本，包括清单、图表、表格、标签、收据、索引等。非连续文本是指由逻辑、语感不严密的段落层次构成的阅读文本形式。非连续文本作为文本的一种类型，具有文本的基本共性，但在语言和结构的组合上又区别于其他文本形式，一般包括图表、图解文字、目录、说明书、广告、地图、索引等。非连续文本又称“间断性文本”。虽然非连续文本在结构和语言上没有完整的故事性，但是它比叙事性文本更能够直观地表达编者传递的基本信息，具有概括性强、醒目、简洁等特点。非连续文本能够简洁系统地呈现文本的关键信息，其阅读具有短、简、快的特点，能够大大缩减读者的时间，提高阅读的效率。范文举例如下：

表 1　受孕 7 天的大鼠海洛因实验数据表

检测项目	对照组	连续 9 天给予海洛因		
		低剂量组	中剂量组	高剂量组
活胚胎数 / 胚胎总数（%）	100	76	65	55
脑畸形胚胎数 / 活胚胎数（%）	0	33	55	79
脑中促凋亡蛋白 Bax 含量（$\mu g \cdot L^{-1}$）	6.7	7.5	10.0	12.5

表1是科学实验结果数据，属于典型的非连续文本。科技文本在表述相关实验过程、实验处理、实验数据和实验结果变化趋势时，用相关的非连续文本如表格、柱状图、曲线图等表述有明显的优势。

1. 非连续文本是科技文本的重要形式

从非连续文本的定义和上述范文分析，非连续文本形式在科技文本中的作用非常突出。当前，图表以越来越高的频率不断地介入我们的生活，这就需要增加学生阅读非连续文本的机会，在教学中建构适合的教学策略。学会从非连续文本中获取我们所需要的信息，得出有意义的结论，对我们来说是非常重要的阅读能力。

非连续文本在生活中十分常见，比如：数据表格、图表文字、凭证单、使用说明书、广告、地图、清单、时刻表、目录、索引、宣传标语、广告词、对联、短信、网络跟帖、建议、辩论词、颁奖词、演讲词、开场白、结束语、串联词、推荐语等。

2. 非连续文本在展现科技文本含义中具有优势

（1）非连续文本能更好地承载信息，表现在三个方面。

第一，容量大。一幅画，类似于名家之作就会表达很多含义。通常，一张表格通过横纵对比就能提供很多的信息。

第二，效率高。大量的信息只需一个或几个表格即可体现。一篇信息多维分布的短篇科学论文，就能揭示广阔、深刻的真理。而且在电脑和网络的支持下，我们能在尺幅之内做到“秀才不出门，全知天下事”。

第三，许多信息只能用非连续文本承载。直线型的连续文本承载信息能力有限，古人于是也感慨“言不尽意”，要表达多声部的演唱或演奏，只能用空间二维型的五线谱表；要介绍一处美景，与其写篇游记，不如画一幅风景画；等等。

（2）非连续文本可读性强。

第一，信息量大，收获多。比如你要弄清“非连续文本是什么”，在网上一搜就搜出了几十条甚至上百条解释，收获多；如果查书，一本书里往往只有一种说法，“一孔之见”而已。

第二，短平快，节约时间。非连续文本用表格、图像来传达综合信息，表述简洁，读者们能节约时间，提高效率。

第三，图、文、声并茂，趣味性高。非连续文本喜欢运用文字、符号、图像甚至音响等多种媒介，图、文、声并茂，形象直观，读起来趣味性强。

第四，便于引用。很多非连续文本都是电子版的，你可以下载、粘贴后快速引用，比抄写简便多了。

（3）非连续文本对发展学生智能有好处，具体表现在如下几个方面。

第一，适应生活、工作。由于优点很多，非连续文本在日常生活、政治、经济、科研等各方面得到极广泛的运用，会阅读这类文本就能很好地满足生活、工作需要。

第二，极大地丰富知识。当今时代信息爆炸，阅读非连续文本能帮助学生吸收海量信息，学习、生活得更好。

第三，促进立体思维发展。世界是错综复杂的，单向直线式思维过于简单，非用系统性的立体思维不可。比如设计和管理一项工程时，繁多而复杂的工序不可能安排成一条线，而只能安排成空间二维的“程序框图”。

第四，发展信息处理能力。阅读并理解非连续文本，必须从中发掘、整理信息；写出非连续文本，必须多渠道搜集信息、多维呈现信息。这两个过程都能促进学生信息处理能力的发展——而这是当今信息时代非常重要的能力。

第五，方便读者获取信息。

3. 非连续文本的缺点

“没有最好，只有更好”，非连续文本也有缺点：信息呈现方式多样，读起来比连续文本要难；提供信息的特点是短、平、快，容易使信息碎片化，使学生获得的知识零碎，系统性和逻辑性差；迷恋它的图像和音响而忽视文字与符号，容易使学生的思维感性化、浅薄化而理性较差；等等。

三、混合文本

混合文本是由连续文本和非连续文本共同构成的单篇文本。下列范文可供参考：

光合产物如何进入叶脉中的筛管

高等植物体内的维管束负责物质的长距离运输，其中的韧皮部包括韧皮薄壁细胞、筛管及其伴胞等。筛管是光合产物的运输通道。光合产物以蔗糖的形式从叶肉细胞的细胞质移动到邻近的小叶脉，进入其中的筛管－伴胞复合体（SE-CC），再逐步汇入主叶脉运输到植物体其他部位。

蔗糖进入SE-CC有甲、乙两种方式。在甲方式中，叶肉细胞中的蔗糖通过不同细胞间的胞间连丝即可进入SE-CC。胞间连丝是相邻细胞间穿过细胞壁的细胞质通道。在乙方式中，蔗糖自叶肉细胞至

SE–CC 的运输（图 1）可以分为 3 个阶段：①叶肉细胞中的蔗糖通过胞间连丝运输到韧皮薄壁细胞；②韧皮薄壁细胞中的蔗糖由膜上的单向载体 W 顺浓度梯度转运到 SE–CC 附近的细胞外空间（包括细胞壁）中；③蔗糖从细胞外空间进入 SE–CC 中，如图 2 所示。SE–CC 的质膜上有“蔗糖 –H^+ 共运输载体”（SU 载体），SU 载体与 H^+ 泵相伴存在。胞内 H^+ 通过 H^+ 泵运输到细胞外空间，在此形成较高的 H^+ 浓度，SU 载体将 H^+ 和蔗糖同向转运进 SE–CC 中。采用乙方式的植物，筛管中的蔗糖浓度远高于叶肉细胞。

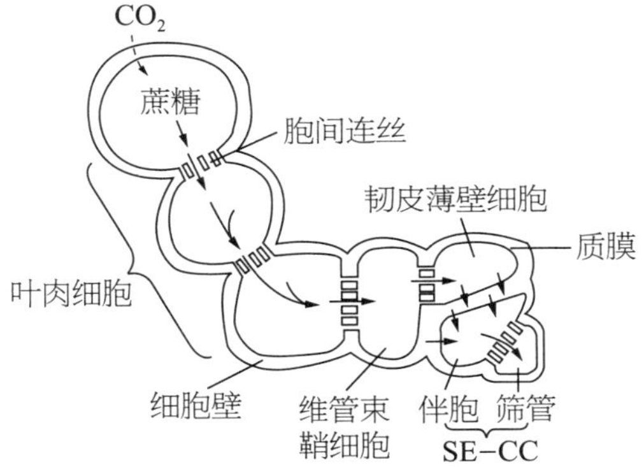

图 1

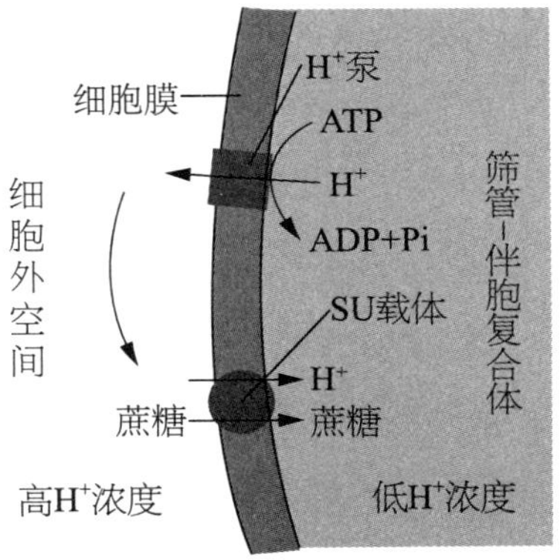

图 2

研究发现，叶片中SU载体含量受昼夜节律、蔗糖浓度等因素的影响，呈动态变化。随着蔗糖浓度的提高，叶片中SU载体减少，反之则增加。研究SU载体含量的动态变化及调控机制，对于了解光合产物在植物体内的分配规律，进一步提高作物产量具有重要意义。

（选自《2021年北京市普通高中学业水平等级性考试生物学试卷》第19题）

上述文本，有文字和相应的图像结合，共同说明一个生理过程，既有连续的生理现象和生命机制的文字说明，同时也配以图解说明生命机制的原理，可认为是混合文本。当然，对文本的界定并不是本书的主要目的。不同学者或教师对文本形式的看法会有不同，如上述举例，文章大意没有明确的故事性和叙事性，同时呈现还需要借助配图才能完成。因此，也有学者认为这类文本属于非典型的非连续文本。

第三节

阅读素养

苏霍姆林斯基在《给教师的建议》中写道："为什么有些学生在童年时期聪明伶俐，理解力强，勤学好问，而到了少年时期，却变得智力下降，对知识的态度冷淡，头脑不灵活了呢？就是因为他们不会阅读！"可见阅读有助于学生获取知识，发展智力。

阅读素养是个人学习和智力发展的基础，也是学习所有学科的基础，建立在阅读素养基础上的国民素质是一个国家发展的先决条件。因此，我们需要了解阅读素养是什么，当前学生阅读素养的发展状况如何，如何提高学生阅读素养……这些问题成为教育政策制定者和研究者普遍关注的重要议题。

一、阅读素养的国际界定

国际教育成就评价协会（International Association for the Evaluation of Educational Achievement，简称 IEA）于 1991 年在其研究中首次将"阅读"（reading）与"素养"（literacy）结合在一起，并推出了 PIRLS（Progress in International Reading Literacy Study，国际阅读素养进展研究）项目；2001 年开始对全球 9 ～ 10 岁小学四年级学生进行测评。经济合作与发展组织（Organization for Economic Cooperation and Development，简称 OECD）在 1988—1996 年开展了教育指标系统（Indicators of Education Systems，简称 INES）研究；1997 年启动 PISA 项目的研究；2000 年开始对全球 15 岁即将毕业的初中生进行测评，测评内容包括阅读素养、数学素养、科学素养。

PIRLS 在 2001 年发布对“阅读素养”的初始定义：“理解和运用社会需要的或个人认为有价值的书面语言形式的能力，年轻阅读者能够从各种文章中建构意义，他们通过阅读来进行学习，参与阅读群体并进行娱乐。”PISA 在 2000 年发布对“阅读素养”的初始定义：“为了实现个人目标、增长知识、发展潜力、有效地参与社会生活，而理解、运用、反思书面文本的能力。”之后，PISA 对“阅读素养”的定义进行了两次修订，加入了“投入”的行为动词，而删去了“书面”的阅读范围限制。修订更加注重学生在阅读过程中积极参与和主动建构的体验式学习模式，积极回应了新技术环境下阅读载体与方式的变迁。PISA2018 在先前定义的基础上增加了“评价”作为阅读素养的一个组成部分，并删除了“书面”这一文本限定词。这一修订不仅强调了批判性思维能力的重要性，而且使得阅读文本不再局限于纸质文本，还包括了图片、录音、电影、电视和动画等电子文本。

由此可见，PISA 阅读素养是一种基本的技能，考查的不仅仅是学生对书面文本内容意义的理解，还注重通过阅读获取知识信息，形成阅读能力，体验阅读乐趣等。

二、核心素养背景下的阅读素养

“生物学学科核心素养是学生在生物学课程学习过程中逐渐发展起来的，在解决真实情境中的实际问题时所表现出来的价值观念、必备品格与关键能力，是学生知识、能力、情感态度与价值观的综合体现。”[①] 这是2020年修订版生物学新课标中的一段话，其内涵与高中其他学科是相通的，即核心素养是为适应未来社会在学习中逐步发展起来的关键能力、必备品格和价值观。阅读是所有学科的学习基础，阅读的方式、阅读的能力、阅读的品格和情感态度是核心素养的一部分。在当今信息时代，我国中学生的阅读素养已经不能完全从“能力”方面界定，还应该包括更广泛的维度，如阅读兴趣、阅读态度、阅读能力和阅读评价。

第一是阅读兴趣。广义的阅读兴趣指读者对整个阅读活动的喜爱程度。狭义的阅读兴趣指读者对某些学科文献或某种载体文献的内容表现出的一种自觉选择倾向。在阅读实践中，阅读兴趣是阅读动机的重要表现形式，它是阅读活动中最直接、最活跃的意向心理因素，对于维系注意力、增强理解与记忆、激发联想和创造性思维、唤起情感体验都具有积极作用。在碎片化信息冲击的时代，中学生对书籍阅读的兴趣降到了最低点，尤其是对整本书的阅读。因此，衡量一个人阅读素养如何，阅读兴趣是首要的基本要素。没有阅读兴趣，阅读素养就无从谈起。谈起生物学文本阅读素养，首先，读者应该是科学认同者或者爱好者，有追求以实证作为论据的主观心理，有以逻辑作为论辩武器的心理特征。其次，读者喜欢阅读科技、科普类文章或专著。

第二是阅读态度。有了阅读兴趣，阅读的恒心、毅力就显得尤为重要，这是阅读态度。在社会快速变革的当今时代，每个人都应该慢下来，留给自己安静读书的时间，这个时间段里我们可以享受式地阅

① 中华人民共和国教育部:《普通高中生物课程标准》(2020年修订版)，人民教育出版社2020年版，第9页。

读整本书。我们应该忽略或减少碎片化的阅读，减少漫无目的的浏览式阅读，减少蜻蜓点水式的阅读。生物学文本是科技文本，不像小说、散文有故事情节和感情主线吸引读者。科技文本多以说明文或者实验论文的形式呈现，需要读者有追求科学、精于钻研科学的态度，这样方能静心阅读生涩的科技或科普文章。

第三是阅读能力。阅读是为了获取知识、信息，同时进行知识和信息的加工、整合，最终同化为自己的新知识、新能力和新思想。阅读是讲方法、讲技巧和讲能力的。阅读能力包括认读能力、理解能力、鉴赏能力、评价能力、活用能力、阅读技巧。认读能力是阅读能力的基础，一般包括对文字符号的感知与辨识能力、识字量和认读速度。它是以一定的识字量为基础的。理解能力是阅读能力的一个重要指标，包括对文中重要词语的理解、对文中重要内容的功能的理解、对文章结构和表现形式的理解、对作者观点和思想的理解。鉴赏能力是对文本的欣赏和评价能力。评价能力是指对阅读材料的思想内容、表现形式、风格特征等做出评判的能力。活用能力是指阅读的迁移能力，是把在阅读中学到的知识加以运用的能力。阅读技巧包括朗读技能、默读技能、速读技能和良好的阅读习惯。在生物学科技文本阅读方面，由于其体裁和内容形式的特点，阅读科技文本所需的能力主要是理解能力、评价能力和活用能力。

第四是阅读评价。阅读评价是阅读材料后对阅读内容、材料思想、材料文本结构等方面的个性化评价，具有批判性。阅读评价是读者将阅读中收获的思想进行输出的过程，可以以书评、反思和总结的方式评价。阅读评价是阅读素养的重要部分，既是阅读的成果，也是阅读的能力和过程。

三、当前中学生生物学文本阅读素养现状

对中学生生物学文本阅读素养现状的调查，一方面源于笔者和同事们对近10年中学生对生物学文本阅读的跟踪观察：自2014年以来，北京高考生物卷重视对非连续文本阅读的考查，2018年北京市中考生物卷出现科普阅读题，2020年北京高考生物卷出现科技文本阅读题。调查显示，目前，受手机游戏、短视频等因素影响，中学生生物学文本阅读情况不容乐观。首先，中学生阅读的兴趣低下，对生物学科学类文本更是极少阅读。其次，学生对自媒体碎片化的音视频关注较多，而对长文本纸质期刊和书籍阅读很少。再次，从教学评价过程来看，学生在阅读中信息的获取加工能力不足，尤其是对非连续文本类的科技文本，不会读、读不懂是学生的常见状态。最后，只有极少数学生有较好的阅读习惯，但其阅读后的反思评价几乎没有。以上调查范围是笔者及同事们所任教的学校，生源水平中等偏上，调查结论从一定角度反映了目前中学生生物学文本阅读素养的现状。

另一方面，本书援引陈晓倩在其2015年硕士论文中的调查结论来说明现状，其虽是对一个地区的部分中学生所做的调查，但也能说明一定的问题。论文调查显示：

第一，学生对生物学科学习兴趣较高但缺乏生物学文本阅读的主动性。在新课程标准实施以后，加上教材的改革，高中生对生物学科兴趣很高，而且认为学习生物很有用。但是对阅读生物书籍的兴趣一般，大多数学生都是出于完成作业的目的。高一年级学生时间相对充足，对生物学文本阅读兴趣最高，主动性最强；高二、高三年级学生由于学习时间紧张，学考和高考有压力，阅读的主动性较弱，只在时间宽裕时才会进行教材阅读的学生比例较高。

第二，阅读方式比较主动，但方法欠缺且不重视预习和复习阶段。比较乐观的是：在进行生物学文本阅读时，超过一半的高中生会进行读写结合，主动汲取知识，但生物知识用文字表述内容偏多，学生在阅读过程中很少运用做批注或阅读笔记的方法。相对于其他理科的学习，生物学科内容理解起来不难，通过预习，超过一半的学生都基本可以把握本节课的重难点，但是生物预习阅读现状较差。复习阶段是对生物学知识理解和加深记忆的关键阶段，但高中生并不注重复习阅读阶段。三个年级中，高二年级学生阅读方式较被动，最不注意阅读方法的应用。在预习阶段，高二年级学生表现出的理解能力最低，可能由于高二年级进入遗传学知识的学习，这部分内容较难理解。高一年级最不注重预习阶段，比较看重复习阶段。

第三，易混淆生物学知识，感觉用文字表述的生物学知识最难理解。学生独立阅读时虽然能理解大部分知识，但容易将生物学概念与学过的知识混淆。高三年级对知识点已经学习过一遍，独立阅读教材时表现出较强的理解能力。对于不同方式表述的生物学知识，学生感觉用文字表述的内容最难理解，认为遗传系图谱理解难度较高的原因是对遗传规律及图谱含义理解不够。高三年级学生认为用文字表述的生物学知识最难，认为表格更容易理解，这可能是由于学生缺乏时间认真阅读文字知识。高一学生更喜欢用知识点结构图表述的生物学知识。

第四，具备积极请教的态度，缺乏主动探究的习惯。在进行生物学文本阅读时，很多学生遇到问题会积极地向老师和同学请教，很多知识更依赖于教师的讲解。“探究式教学”一直是课程改革积极倡导的教学方式。学生的生物学文本阅读习惯能很好地反映出其学习方式。当前高中生缺乏积极探究的阅读思维习惯。

第五，教师基本做到课上学生有独立阅读时间但阅读指导不足。课上学生进行独立阅读也是主动获取生物学知识的过程。大部分生物教师能够意识到这一点，在课堂上会留出相应的时间让学生阅读教材，但是经常布置阅读任务的教师较少。高三年级教师更注重课堂和课后学生的阅读状况。数据表明，学生希望得到阅读指导，但经常能获得教师指导的学生比例较低。高一年级学生表现出最渴望得到指导，但高一年级教师最不注重课堂上学生的独立阅读过程及对学生的阅读指导。①

通过笔者在多年教学实践中对学生阅读状况的跟踪观察和访谈调查，以及从文献资料中阅读其他地区的相关调查成果，笔者发现：当前中学生生物学文本阅读素养存在诸多问题，尤其是非连续文本的阅读能力严重不足。教学中，通过中考评价手段，以评促教、以评促学是引导生物学文本阅读素养发展的关键途径。因此生物教育的一线工作者应该关注并了解阅读素养的测评，从而在教学实践中加强测评引导，发展学生的生物学文本阅读素养。

① 陈晓倩：《高中生物阅读现状分析及能力培养策略——以乌鲁木齐市高中为例》，新疆师范大学2015年硕士学位论文。

第二章

阅读素养测评

第一节

阅读素养评价参考——PISA 阅读素养测评

2016 年 9 月，教育部正式发布了《中国学生发展核心素养》，这预示着我国教育将进入核心素养培养的新时代。作为学生发展核心素养的一个重要组成部分，我国青少年阅读力培养过程中还存在着诸多问题，亟待阅读教育做出变革。

学习的基础是阅读，阅读素养是学生核心素养“自主学习”的重要基础。从认知角度分析，会阅读才会学习。在中学教育进入核心素养时代后，阅读素养也应参考核心素养的测评，具有其测评的标准、维度和方法。

在我国基础教育中，传统的阅读素养测评的主要是学生对文本中信息的获取、理解、加工和应用能力，测评以较常见的“阅读理解”题为主要形式。当然，所有学科的试题都有着考查阅读能力的因素在内，这并不限于语文、英语两门语言工具学科。物理、生物等学科大题题干的情境资料、题干中的图表同样也是考查阅读能力的重要方式。

谈起阅读素养和阅读素养的测评，离不开 PISA 阅读素养测评。与传统的阅读评价相比较，PISA 阅读素养测评的评价更为科学、精准和规范，其评价标准实现了从输入到输出、从知识再现到能力提升、从被动接受到主动创新的转型。PISA 阅读素养评价标准具有很强的针对性和契合性，可以为我国青少年阅读力培养提供有益的借鉴。PISA

阅读素养的评价标准可为我国基础教育阅读素养测评标准的确定提供参考。

具体地讲，PISA 阅读素养评价标准包括以下三个方面：基于输出的评价标准，即访问与检索；基于能力的评价标准，即整合与解释；基于创新的评价标准，即反思与评判。

一、基于输出的评价标准：访问与检索

无论材料以何种形式呈现，访问与检索信息都是阅读的首要条件。PISA 所提倡的访问与检索并不局限于单向机械地接收材料中已呈现的信息，而是要求阅读者对信息进行自主筛选并适当地加工与处理，提取有价值的信息。这表明，立足于输出的 PISA 阅读素养评价标准开始从传统的被动接受转向主动表达，从静态的识记阅读逐渐走向动态的运用阅读。PISA 阅读素养测评关注的价值目标是为多元化的信息社会培养具有独立思考、自主选择与判断能力的未来公民。从根本上看，阅读的初衷就是为更好地表达夯实基础。

因此，PISA 基于输出的阅读素养评价标准暗藏着对自主整合分析、独立筛选判断等思维素养的要求，旨在改变传统的考查“听、读、记”等输入性能力的阅读教育模式，代之以更高层次的考查“说、评、写”等输出性综合阅读能力的教育模式。

二、基于能力的评价标准：整合与解释

PISA 阅读素养测评的重点在于应用阅读能力解决实际问题或学习新知识的能力，而不是阅读技巧本身。PISA 阅读素养测评注重理解

与解释材料能力的培养，要求阅读者与材料信息进行充分的“互动交流”，客观地分析并解释作者的观点，合理地进行推理并辨别事实，并以此为基础，结合自身已有认知将材料进行重新整合，将各部分信息进行有机联系，找到逻辑上的联系点。这种阅读既是阅读者自主的材料解析与知识建构过程，也是基于自身发展的需要，主动进行阅读以汲取养料，从而获得个人成就感的情感体验过程，实质上体现了 PISA 阅读素养评价中对“学会学习”的提倡及对阅读者敏捷的信息掌握和处理能力的要求。

三、基于创新的评价标准：反思与评判

与国际阅读素养进展研究项目 PIRLS 等其他国际阅读评价项目相比，PISA 阅读素养评价最大的亮点是增加了“反思与评判”的内容。PISA 阅读素养观认为，不是为认知和接受而阅读，也不是为记忆和复制而阅读，而是为深度反思和精彩评价而阅读，是为拓展思维、做出批判、力求超越而深度阅读。基于这一认识，PISA 阅读素养评价标准指向“终身学习”和未来发展，并不侧重于评价阅读者已经获得或储存于记忆中的知识量，其重心在于对文本内容与形式的反思与评判，即阅读者在具体情境下通过分析推理、反思评判等与文本材料互动的过程所优化的综合阅读素养。在这一过程中，阅读者的角色将进一步升华，转变为全新知识的建构者、创造者。

PISA 阅读素养测评主要根据提取信息、解释文本、反思与评价三个阅读过程来进行评价。这三个阅读过程从应用的角度分出层次，对应从高到低的五个阅读能力等级，确定每个能力等级的分数范围，每一个等级对阅读的材料和任务都做了限定，每一个等级水平的评价都

有相应等级要求的知识与技能的具体描述，同时对阅读目的、情境和阅读材料也做了限定，形成了以阅读目的、阅读材料、阅读能力和阅读素养四个要素为标准的测评框架，如图 1 所示。

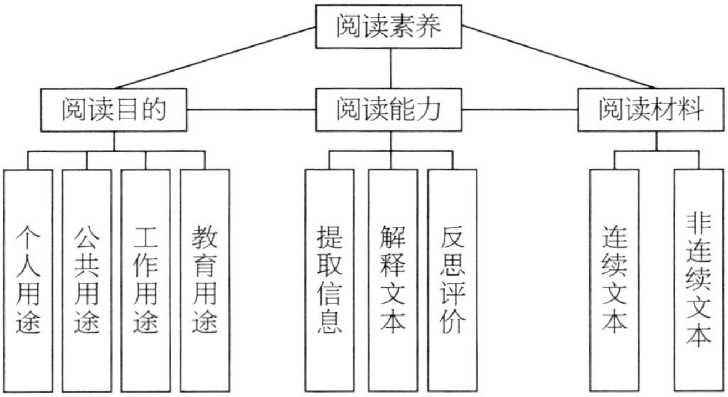

图 1　阅读素养能力等级测评框架

测评标准使 PISA 阅读素养得以科学地量化，测评结果能取得针对性的反馈信息，为指导阅读教学提供依据，从而提高阅读教学质量。

第二节

PISA 阅读素养测评案例

一、PISA 阅读素养测评维度

PISA 对阅读素养的定义，是站在社会学的学生终身发展的视角上来看的。它更关注其阅读素养是否足以使学生应对未来社会发展的需要。从 2000 年到 2018 年，PISA 在阅读素养测评维度方面也是有微调的，但整体变化不大，总结起来主要从以下五个维度对阅读素养进行测评，如表 2 所示：

表 2　PISA 阅读素养测评维度

	文本情境	文本形式	文本类型	认知方面	题型
测试题本	个人的 公共的 职业的 教育的	连续 非连续 混合 多重	描写 叙述 说明 讨论 指示 交流	访问与检索 整合与解释 反思与评判	单选 多选 简答 封闭式问答 开放式问答
问卷	阅读参与度与学习策略				

二、PISA2009 阅读素养测评框架

阅读素养测评包括试题本和问卷两个部分，试题本主要用于评价学生对不同情境、不同形式的文本的认知能力，问卷则主要用于了解阅读参与度和学习策略，阅读电子媒体文本的能力则通过“电子阅读能力测评”选项来评价。PISA 测评的重点在于应用阅读能力解决实际问题或学习新知识的能力，而不是阅读技巧本身，因此并没有对学生最基本的阅读技能进行测评。

PISA 阅读素养测评框架主要包括三个主要特征：文本、认知和情境。因为阅读的要素之间并不是完全独立的，所以这些分类并不是绝对的。但是区分这些主要特征有利于覆盖多种维度，从阅读素养的不同方面开展全面而深入的测评。图 1 说明了框架的主要特征和它们之间的关系，PISA 阅读测试题目类型和内容的分布必须符合 PISA 测评框架要求的分布。

1. 文本特征

文本特征是指所覆盖的阅读材料的范围，可以进一步分为四个子类别：媒介、环境、文本形式和文本类型。每个子类别又可分为更具体的类别。其中，文本形式分为四种：连续文本、非连续文本、混合文本、多重文本。

2. 认知特征

认知特征是指决定读者怎样处理文本的认知方法，包括思考策略、方法或目的。PISA2009 区分了三个方面：访问与检索、整合与解释、反思与评判。

3. 情境特征

情境特征是指文本和与文本相联系的试题的背景，以及作者写该文本的用途。

PISA 评价的是广义的阅读素养，不限于语文阅读，而是把阅读作为学习其他内容、为生活做准备以及参与公共活动的工具，体现了“大阅读观”。根据阅读的目的或作用，PISA 阅读测试涉及的情境可分为个人、公共、教育、工作四种。

（1）个人：为了满足个人兴趣而进行的阅读，例如阅读小说、传记。

（2）公共：为了获取公共信息或参加大型社会活动而进行的阅读，例如阅读官方文件、公告。

（3）工作：为了做工作或完成某项任务而阅读，例如阅读招工广告、说明书、时间表。

（4）教育：为了学习新知识而阅读。阅读是一项较大的学习任务的一部分，阅读是为了获取信息来完成该学习任务，比如阅读学科教材。

有些阅读材料可能在不同的情境中都会涉及，比如图表和表格，因此还要结合具体内容来判断这些材料属于哪种情境。

三、PISA 阅读素养测评样例

1. 样题

“学生看法”这一单元包括了五篇简短的议论文，都是学生们关于太空研究的一些看法。

世界上有很多人，正因饥饿和疾病而濒临死亡，但我们只关心未来的发展。当我们试图忘记这些人而继续向前时，我们漠视了他们的需要。每年，大公司都将大笔金钱投入太空事业的研究。如果将这笔用于太空探索的金钱，改用在有需要的人身上，面临饥饿和疾病的人民的苦难必定会减轻。——小玲

对很多人来说，太空探索的挑战是灵感的来源。数千年来，我们都在幻想天堂的美妙，渴望伸手触摸星星，渴望与一些只在幻想中存在的生物沟通，渴望知道……我们是孤单的吗？太空探索就是一种学习，而学习就是推动世界前进的力量。当现实主义者不断提醒我们眼前的问题，梦想者却在拓展我们的思想空间。就是这些梦想家的远见、希望和渴望，引领我们走向未来。——小碧

我们破坏雨林，因为那里埋藏着石油；我们在神圣的土地上开矿，只为得到铀。那么，我们还要为解决自己所造成的问题而去破坏另一个星球吗？当然要！太空探索强化了一个很危险的信念，那就是我们可以靠不断增强支配环境的能力来解决人类的问题。人类依然在不断滥用天然资源，如河流和雨林。我们对地球的破坏已经够多了，不要再打外层空间的主意了。——达达

地球资源正快速地耗尽，而地球人口却以显著的速度增长，如果我们仍然保持现在的生活方式，生命将无法延续。污染导致臭氧层穿了个洞，肥沃的土地越来越少，人类生存环境和食物来源都面临威胁。现在人类已面对因人口过多而出现的饥荒和疾病问题。太空是一个广阔的空闲领域，我们可以加以利用。借着支持太空探索，终有一天，我们可以找到另一个可居住的星球。目前，这似乎是不可想象的，但太空漫游这一想法也曾被认为是不可能的。为了解决当前的问题而停止太空探索，是狭隘和短视的。我们不单要为这一代着想，还要为世

世代代着想。——小力

忽视太空探索的好处，人类将遭受重大损失。深入了解宇宙及其起源的机会十分宝贵，不容错失。对其他天体的研究已让人认识到地球的环境问题，假如不控制我们的活动，那么不知地球将来会何去何从。研究太空旅行有间接的好处。激光和其他医学治疗方法的发明可以归功于太空研究。很多物质如特富龙（Teflon）都是人类为了太空探索所研究出来的。这些太空研究所创造的新技术，给所有人都能带来直接的益处。——嘉嘉

以上几篇短文是由5名毕业班学生所写的。请参考短文内容并回答以下问题：

这5名学生对太空探索表达了自己的主要看法，你最认同哪一位学生？

你认同的学生姓名：

试用自己的文字，以你自己和这个学生的主要观点，来解释为什么你选择这个学生。

（选自《PISA国际测试2009年样题》）

2. 评分标准

满分标准：对所选学生的立场（有关太空探索）理解正确，并解释认同该学生说法的原因。要指出该名学生的论点与其他学生有何不同（例如要确切说明该学生的立场是赞成或反对太空探索），答案必须通过以下方法，直接或间接指出所选学生的其中一个主要论点：

（1）提出自己的论点（在此情况下可以直接引述篇章的有关句字，或以自己的文字去复述意思）。

（2）以自己的文字去解释或概括该学生的论点。

以下是答题思路分析：

（1）认同小玲

必须清楚地表明或间接指出小玲反对太空探索，并直接或间接指出她所持的观点：我们应该把用于太空探索的金钱，改用在有需要的人身上。帮助地球上的人比浪费金钱去进行太空探索重要。（以自己的文字去复述小玲的意思）

我认为我们在把钱花在太空探索之前，应该关心一下我们的世界。我明白太空探索的重要，但我们更应帮助受到疾病与饥荒威胁的地方。（用自己的文字去概括小玲的论点，还要加上自己的见解）

（2）认同小碧

必须清楚地表明或间接指出小碧赞成太空探索，并直接或间接指出她所持的观点：太空探索是人类成就的正面表现。可以指出小碧认为应该关心长远发展这一点，但必须直接或间接指出小碧的立场与小力不同。

“太空探索就是一种学习。”我认为拓展视野并无危害。（直接引用文章中的句子并加上自己的见解）

（3）认同达达

必须清楚地表明或间接指出达达反对太空探索，并直接或间接指出他所持的观点：太空探索会造成环境破坏，或人类会破坏太空，或探索太空会鼓励人类破坏地球。改善地球环境是首要的，或我们需要改变我们的态度。

我同意他的看法，因为他关注地球环境，也认为我们不应骚扰外层空间。（以自己的文字概括达达的论点）

达达说我们不应再破坏环境，我想这是地球面临的一大问题。（概括了达达的主要观点，还加上其他论据，显示学生明白达达对太空探

索所持的看法）

（4）认同小力

必须清楚地表明或间接指出小力赞成太空探索，并直接或间接指出他所持的观点：人类要找另一个可住的星球；生命将不能在地球延续下去。可以指出小力关注环境这一点，但需直接或间接指出小力的观点与达达不同。可指出小力认为应该关心长远的发展，但直接或间接指出他的观点与小碧不同。

我同意小力的说法，因为除非我愿意面临绝种这一命运，否则当我们把地球彻底破坏后，我们便无处容身。（以自己的文字转述小力的主要观点）

（5）认同嘉嘉

必须清楚地表明或间接指出嘉嘉赞成太空探索，并直接或间接指出她所持的观点：太空探索可让知识增长；我们可以把太空探索所得应用到其他地方。

借着太空探索，我们时常以不同的方式扩展我们的知识。（概括了嘉嘉的主要观点）

3. 点评

“学生看法”这个单元是在最后一学年的学生写作的基础上编制而成的，所以，从情境的角度，该文本被归类为教育的情境。组成这个单元的这几篇短文都是连续文本，但是它们彼此是相对独立的，为了评价的目的被并置在一起，因此在文本形式上属于多重文本。文本提出了观点和建议，并试图说服读者接受，因此在文本类型上属于议论。

以上样题是典型的评价和反思问题，这个任务要求学生利用他们自己的知识和信仰来评价作者提出的主要论点，并通过提供自己的支持性论据，或总结或介绍作者所提出的论据，为某个作者的立场辩护。

无论学生提及哪一位作者，只要与评分标准中所概括的原则或例子相符，就可以得到满分。这体现了 PISA 阅读开放题评分的两个特点。一是鼓励学生阐发自己的见解，不要求面面俱到，也不要求符合主流的观点。学生可以各抒己见，只要证明自己理解了文章和问题，并且答案合理，就可以得到满分，因此有利于学生发展个性，提出具有创造性的想法。二是在结合学生自己的经验和理解的同时，也必须体现出对文本内容的理解，不能与文本无关。

第三节

PISA 阅读素养测评下的阅读分级

为了说明达到某个分数的学生能够做什么，学生的精熟度和试题的难度被分为相对应的 7 个等级水平。

6 级水平的学生有很高的阅读技能。他们能对文本进行精细化分析，这不仅要求详细了解明确的信息，而且要求深刻理解隐含的信息，以及能够在更高的概括水平上反思和评价所阅读文本。达到这一水平的学生能够成功地完成阅读测评中几乎所有的试题，证明他们能处理许多不同类型的阅读材料。他们的阅读面很广，不仅能阅读在结构和文本特征上典型的、熟悉的内容，而且能从以非典型格式呈现的不熟悉的内容中吸收信息。PISA 所界定的最高水平读者的另一个特点在于，他们在面对新信息时能够克服先入为主的看法，即使这些新信息是与预期相反的。他们能识别出文本提供了什么，包括明显的和较微妙的信息，同时能够利用超出文本的深刻理解，用批判性的观点来看问题。这种吸收新内容并且与评价相结合的能力对知识经济极为有价值，知识经济依赖创新，并且要能够利用所有可获得的证据进行细致入微的决策。因而，达到这一极高阅读水平的学生的比例受到极大关注。

5 级水平的学生能够处理在内容或形式上不熟悉的文本。他们能够在这类文本中找到信息，详细地理解文本，并推断出哪些信息是与任务相关的。他们还能够批判性地评价这类文本，并建立假设，利用专门知识，包容与预期相反的概念。检查 5 级水平学生能答对的题目后发现，这一水平的学生可以被看作明日潜在的“世界级”知识工人，一个国家达到这一水平的学生比例关系到这个国家未来的经济竞争力。

4 级水平的学生能完成复杂的阅读任务，例如查找隐含的信息，从有细微差别的语言中建构意义，以及对文本进行批判性评价。在这一水平上，访问与检索试题要求学生查找与组织若干条隐含的信息；在整合与解释的试题中，有些要求学生结合对文章整体理解来解释文本某个部分中有细微差别的语言的意思，有些要求学生在不熟悉的背景中理解及应用分类；反思与评价试题要求学生运用正规知识或公共知识对文本提出假设或进行批判性评价。学生必须能够准确理解内容或形式上不熟悉的长文本或复杂文本。

3 级水平的学生能够完成中等复杂程度的阅读任务，例如查找多条信息，在文本不同部分之间建立联系，并将它与熟悉的日常知识相联系。在这一水平上，访问与检索试题要求学生查找满足多种条件的几条信息，有时要认识到满足多种条件的几条信息之间的关系；整合与解释试题要求学生结合文本的几个部分来确定主要观点，理解某种关系，或解释某个词或短语的含义。他们在比较、对比或分类时要考虑许多特点，通常所需要的信息并不突出，或者有许多竞争性信息，或者有其他文本干扰，例如与预期相反的观点或负面的措辞。反思与评价试题要求联系、比较和解释，或者要求学生评价文本的一个特点。有些题目要求学生对熟悉的、与日常知识有关的文本表现出精细的理解，还有些题目不需要对文本的深入理解，但是要求学生利用文本之外的不常见的知识。

2 级水平的学生能答出试题，例如访问与检索方面，查找满足多种条件的信息，围绕一个单一的特征进行比较或对比，理解文本中指定的某个部分的含义，即使是在信息不明显的情况下。有的题目要求学生查找一条或多条信息，这些信息可能需要推断，并且可能需要满足多种条件。在整合与解释方面，有的题目要求学生确定文章的主要观点，理解关系，或者解释文章某个限定部分的意义，有时信息不明显，读者必须做出低层次的推论；有些题目要根据文本的某个单一特点进行比较或对比。在反思与评判方面，题目要求学生利用个人经验和看法，在文本或外部知识之间做比较或联系。

1a 级水平的学生能够查找在文章中相当明显且明确表示的几条信息，在熟悉主题的文章中，能确定文章的主要观点，并且认识到这类文本中的信息与他们的日常经验之间的联系。这一水平的任务要求学生查找一条或几条独立的信息，这些信息表述是明确的，或者在文本信息和常见的日常知识之间做出简单的联系。通常需要的信息在文本中是明显的，并且几乎没有竞争性信息，即便有也是很少的，学生们被明确地指向试题中或文本中要考虑的相关因素。

1b 级水平的学生能够在内容和风格熟悉的简单短文中找到明确表示的信息。他们能做出低水平的推论，例如，即使在没有说明的情况下，也能在两个句子之间确定因果联系。访问与检索试题要求学生在背景和文体都熟悉的、句法简单的短文中查找一条简单的明确表示的信息，例如一个故事或一个简单的列表。文本通常给学生提供支持性信息，例如重复的信息、图片和熟悉的符号，竞争性信息极少；整合与解释试题一般要求学生在相邻的几条信息之间做出简单的联系。

第四节

北京中考生物学阅读素养测评分析

一、考查背景

对于网络时代学生阅读素养的现状，从教育部门到社会、学校和家庭都十分关注。首先，网络多媒体时代，网络电脑游戏层出不穷，这些游戏极大吸引了学生的关注点，甚至使很多学生上网成瘾，厌学、沉迷虚拟世界、睡眠和精神专注力严重不足，给家庭、学校和社会带来负面影响。其次，网络时代碎片化阅读严重挤压了学生阅读整本书的时间，使之长期沉湎于自娱自乐的网络新闻和网络小说。最后，近几年盛行的手游和短视频，对于学生网络成瘾、价值观扭曲发展均有推波助澜的作用。教育主管部门和学者均对此做了深入的调查研究，提出了解决策略。邓燕琳发表的文章《中学生物阅读现状调查》中有如下调查结果：当前高中学生“认识生物阅读的作用，但阅读态度不够理想；生物阅读缺乏内部动机；生物阅读方法欠缺，理解不够深入；生物教师缺乏阅读指导的意识，对生物阅读不够重视”[①]。

---

① 邓燕琳：《中学生物阅读现状调查》，《考试周刊》2018 年第 33 期。

根据笔者在教学实践中调查了解的情况，当前初中学生和高中学生对于阅读的轻视程度已经到了非常严重的地步，在学业负担较重的情况下，学生支配自由阅读的时间几乎没有，而在语文等学科安排的阅读时间内，学生面对的往往是“任务阅读”或“应试阅读”。提高中学生的阅读素养刻不容缓。除了教育监管部门与网络管理部门进一步加大对中学生上网的保护力度，社会、家庭和学校均应营造浓厚的阅读气氛，引导学生阅读。

在此背景下，教育主管部门在中高考应试指挥棒的调节下，通过中高考评价手段引导全社会关注并提高中学生阅读素养是一种非常有效的手段。北京市考试院于2018年开始在中考生物试卷中命制科普阅读题，以评价促发展。以中考“指挥棒”引领社会、学校、家庭和考生关注并实践阅读，以此强有力的评价导向促进当前中学生阅读素养的提高，尤其是当前中学生严重缺乏的科技文本阅读、非连续文本的阅读。

与PISA阅读素养测评相比，多年来国内教育对学生的阅读测评主要分布在语文、英语这些语言工具学科中。测评标准重点在于“基于输出的标准——访问与检索”，即重点测评学生对文本中信息的获取能力，对于相对高阶的测评标准“整合与解释”“反思与评判”测评相对较少。另外，国内基础教育测评在阅读素养测评框架方面也显得单一，如文本形式单一，多为叙事性连续文本。近年来语文阅读测评加大了对非连续文本的测评。但这里说的“非连续文本”只是几段独立、无紧密联系的文字，而非典型的图表、说明书等非连续文本。在题型和文本类型方面同样比较单一。PISA测试对阅读素养、科学素养和数学素养的测评在国内教育界备受关注，除个别省市地区参与PISA测试外，国内考试命题机构和教育教学研究人员越来越关注PISA测试。文献检索显示，近10年国内相关研究文章呈井喷模式增长，这一点在生物等科学课程中尤为明显，这些学科在借鉴PISA测试上更有优势，兼顾测评科学素养和科技文本阅读素养。

2018年北京中考生物卷科普阅读题的设计在测评标准、测评框架要素方面向PISA阅读测评靠近，题型考查有了多选、开放式问答等，测评标准在考查“访问与检索”的基础上，一定程度上增加了“整合与解释”的阅读测评标准。中考生物学试题考查科普文本阅读是考查学生素养的新形式，也是时代背景和中考选拔性考试相结合的产物。这也体现了国情、教情和学情的实际情况。在中考试题中，科普文本阅读题不仅指引教学方向，引领教学方式和学习方式的转变，还要考查测评生物学概念知识和学科能力等。

二、北京中考生物卷科普阅读题命制特点

自2018年起，北京中考生物卷均包括一道科普阅读题，文章字数约为520字。从近3年中考试题和北京市各城区模拟题分析来看，内容主要为科普阅读类文章，文本形式基本上为非典型的连续文本。以下是2018—2020年北京中考生物卷科普阅读题。

【2018年北京中考生物卷阅读题】

20. 阅读科普短文，回答问题。

猫头鹰昼伏夜出，大雁秋去春来，植物春华秋实……你可曾想过，它们是如何感知自然并顺时而为的?

中国古代医学典籍《黄帝内经》中早有“人与天地相参也，与日月相应也”的阐述。由于地球的自转和公转，导致光照、温度等环境因素均呈现出昼夜和季节性周期变化，生物体适应这种周期性变化，形

成了生物节律。如人的体温周期波动、果蝇的羽化（从蛹到成虫）均表现为昼夜节律，鸟类的迁徙表现为年节律。

生物体内调整生物节律的机制称为生物钟。从简单的细菌到植物、动物都有生物钟。人们很早就观察到含羞草的叶片白天张开、夜晚合拢的现象。当把含羞草放到一个黑暗的环境中时，发现含羞草叶片开合仍会维持原来的昼夜节律。后来，科学家通过对果绳羽化节律的研究，分离得到第一个生物钟基因——per 基因，这项成果获得了 2017 年诺贝尔生理学或医学奖。

对于人体来说，生长激素的分泌高峰一天通常只出现一次，大约在夜晚入睡一小时后，且早睡觉比晚睡觉的峰值高很多。晚上不睡，白天补觉则无济于事，因为白天睡觉不会引起生长激素分泌量的增加。可见，生物钟如钟表一般，可以精确地调控行为、激素水平、睡眠、体温等生理机能。

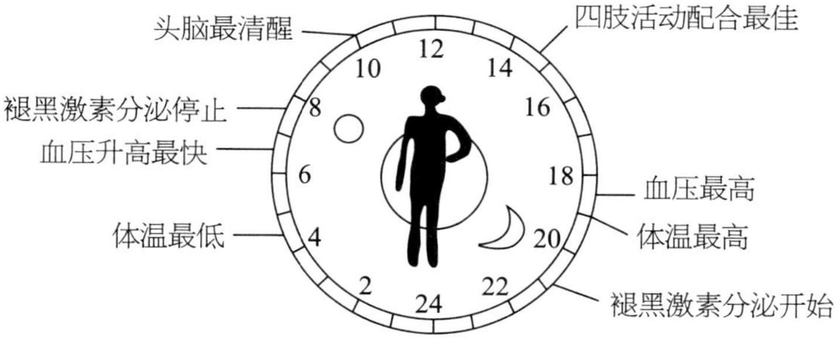

生物钟是自然选择的结果，赋予了生物预见和应对自然环境变化的能力，有利于生物的生存和繁衍。了解和顺应大自然赋予我们的生物钟，将使我们的生活更加健康。

（1）通过对含羞草叶片开合的研究，人们认识到含羞草叶片开合________（填“有”或“无”）内在生物节律。果蝇羽化节律的研究表明，生物节律是由________控制的。

（2）据图可知，18：00—19：00是人体的________和体温最高的时间。

（3）根据文中信息分析，下列属于年节律的是________。

A. 人体体温变化

B. 人体褪黑激素的分泌

C. 北极黄鼠冬眠

D. 猫头鹰昼伏夜出

（4）青春期是青少年身体生长发育的黄金时期，由________分泌的生长激素能促进骨骼和肌肉的生长发育。因此，遵循昼夜节律对维持生长激素的正常分泌至关重要。

（5）健康生活需要良好的生活习惯。结合对生物钟的理解，请你写出一条健康生活的建议：________。

【答案】（1）有　基因　（2）血压　（3）C　（4）垂体　（5）不熬夜，合理安排睡眠时间

【2019年北京中考生物卷阅读题】

20. 阅读科普短文，回答问题。

在金黄的芦苇荡，一对丹顶鹤扇动着美丽的翅膀翩翩起舞。丹顶鹤体态优美、行止有节、鹤鸣悠扬，被人们誉为“仙鹤”。丹顶鹤是我国一级保护动物，主要栖息在沼泽、浅滩和芦苇塘等湿地。它的喙、颈和足都很长、能够捕食湿地中的鱼、虾、昆虫和软体动物，也吃植物的根、茎和种子。丹顶鹤春夏季在东北地区繁殖，就地取材筑巢产卵，雌雄轮流孵卵。约一个月后，雏鸟破壳而出，跟随双亲学习觅食、飞翔等生存技能。幼鹤长到一岁左右就离开双亲独立生活。丹顶鹤秋冬季节迁徙到温暖的南方越冬。近年来，由于湿地面积大量减少，丹顶

鹤的生存受到严重威胁。为保护丹顶鹤，我国不仅建立了多个自然保护区就地保护，而且在动物园、野生动物保护中心等机构迁地保护，进行了相关研究和种群复壮工作。丹顶鹤幼体容易感染血孢子虫。血孢子虫通过蚊虫叮咬传播，在血细胞内快速繁殖，导致个体患病甚至死亡。为了预防该传染病的发生，北京动物园研究人员将一岁以内的丹顶鹤幼体移至防蚊大棚饲养。持续监测发现，采取该预防措施后，幼鹤未检测到血孢子虫感染。该措施已用于幼鹤野外放归前的阶段饲养。目前北京动物园已有6只丹顶鹤成功放归野外。截至2018年，由各地保护机构放归的16只丹顶鹤中，已有9只成功在野外存活，并有多只在野外繁殖了后代。

（1）丹顶鹤属于________纲（类）动物，其适应栖息环境的形态特征有________。

（2）保护丹顶鹤的主要措施包括就地保护和________。

（3）将幼鹤移至防蚊大棚饲养，属于传染病预防措施中的________。研究人员定期取幼鹤血液制成玻片标本，借助________观察，监测其是否感染血孢子虫。

（4）野外放归前，研究人员要先对丹顶鹤进行一段时间的野化训练。结合文中信息，你认为需要进行的训练有________。

【答案】（1）鸟　喙、颈、足都很长　（2）迁地保护　（3）切断传播途径　显微镜　（4）觅食、飞翔

【2020年北京中考生物卷阅读题】

20. 阅读科普短文，回答问题。

西双版纳位于云南省最南端，拥有中国唯一的热带雨林自然保护区。这里分布有约六分之一的中国植物物种，为野生动物的生存繁衍提供了良好的栖息环境和丰富的食源。

海芋，雨林中常见的一种巨叶植物，对于很多昆虫来说，是获得能量的重要食源之一。其叶片一旦被咬，储存在茎中的毒素就会沿着叶脉输送到创口处，毒杀昆虫，避免叶片被过量取食。

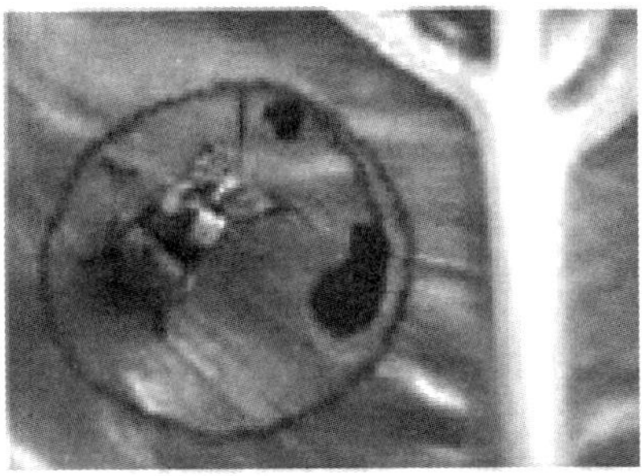

有一种聪明的小叶甲——锚阿波萤叶甲，很清楚海芋的秘密，它们会采取“画圆充饥”的策略来获取美食。小叶甲爬到海芋叶背面，以自己的身体做圆规画出一个个直径约3cm的标准圆圈。每个圆圈要精心地画三次。第一次仅仅在叶片表面划出一条很浅的印痕，这不会引起海芋叶片的“警觉”；第二次画圆，将叶表皮外的角质层割裂；最后一次画圆，把圆圈上的叶脉切断。此时，海芋的毒素很难再通过断开的叶脉传输。这么多形状，为何要选择画圆？因为在周长相等的情况下，圆是面积最大的几何图形。还有一个可能的原因是，这么做能360

度全面阻隔从叶脉传来的毒素。

在漫长的时间长河中，小叶甲与海芋并不仅仅只是敌对的双方，也是“朋友”。两者在长久的斗争中彼此影响，相互制约。更为精明的小叶甲能够躲避海芋毒素生存下来，防御能力更强的海芋被选择出来，从而实现了共同进化。

这就是热带雨林，物种之间的竞赛驱动了各自的演化，呈现出变化无常又异彩纷呈的世界。

（1）西双版纳热带雨林生态系统是由生物和________组成的。雨林中物种丰富，食物链和食物网复杂，使这一生态系统具有较强的________能力。

（2）小叶甲与海芋间的关系属于________。根据文中信息判断，对小叶甲“画圆充饥”的过程及结果的理解，合理的是________。（多选）

a. 第一次画圆可使海芋的毒素汇聚于圆圈处

b. 第二次画圆未破坏叶肉细胞

c. 第三次画圆切断了输导组织

d. 可获得更多的食物

（3）小叶甲与海芋在长期生存斗争中共同进化，是________的结果。

【答案】（1）环境　自动调节　（2）捕食关系　bcd　（3）自然选择

1. 文本内容分析

连续三年的科普阅读题字数均为520字左右，文本素材包含科普生物学知识和生态多样性及保护。从文章内容推测分析，文本应是对科普知识的文章和生物多样性突出的地区进行文图信息加工而成的。尤其是关于生物多样性的文章，具有明显的社会主义价值观的渗透，即以我国著名的生态系统为素材背景进行文章和问题的设计，彰显保护环境、保护生物多样性和文化自信。在连续三年的中考生物卷中，每篇文章均配有图片，第一次命制的科普阅读题的图片信息较为复杂，考生作答时需要分析图中信息，结合文本信息作答，而之后两年的科普阅读题中的图片信息均是文中提到生物的实物照片，属于辨别层次的信息，并无复杂的信息嵌入图片。因此，文章的文本形式以非典型的连续文本为主，同时出现连续文本和非连续文本组合的混合文本。科普阅读题的命制是近四五年命题的特点，以科普文章的目的分析，文本形式以连续文本为主，非连续文本中的图片信息是科技文本表达信息的良好形式。从难易度分析，三篇中考阅读真题均属于较为容易的文章，只需要一定的学科知识和阅读能力就能读懂文章大意，这符合初中生阅读能力的认知水平。科普文章的内容以生命活动规律、生态保护为素材，其中生态保护的实例以我国生态环境的发展和保护为素材。素材的选取彰显了考试评价引导阅读导向的价值，即引领学生关注我国生态环境保护、生物多样性方面的发展现状和成果，在关注的同时能主动阅览相关书籍、期刊资料文章。命题中隐含发展社会主义核心价值观，发展环保意识，树立“绿水青山就是金山银山”的环保理念。总之，北京中考生物科普阅读题的命制背景新、立意深，引领作用明显。

2. 考查特点及规律

（1）按布鲁姆学习目标分类分析，阅读学习的目标以识记和理解为主。布鲁姆学习目标分类系统将知识的认知目标分为六个层次：识记、领悟（理解）、运用、分析、综合、评价，其中后三者被认定为高阶思维能力。在最新布鲁姆学习目标分类系统中，高阶思维能力分为分析、评价和创造。在2018年北京中考生物科普阅读题的考查问题中，“（1）含羞草叶片是否开合的判断；（2）生物节律的控制因素；（3）判断生物节律的实例”，这3个问题均是理解（领悟）能力层级的考查。“（4）垂体分泌生长激素”属于识记层级的能力考查。“（5）写出健康生活的建议”属于综合或评价能力层级的考查。2019年北京中考生物科普阅读试题考查中，总共有6个问题，其中4个问题考查的属于识记能力层级，只有2个问题属于理解（领悟）能力层级。2020年北京中考生物科普阅读题呈现了考查能力层级升级的情况，在5个问题考查中，只有2个属于识记水平的能力层级，2个属于理解能力层级，还有1个属于运用能力层级。显然，中考生物科普阅读题的命制设计侧重于低阶思维能力的考查。这一方面，与初中学生的认知水平是相适应的；另一方面，考题的设计应该有引导学生科普阅读的考量。

（2）题型以填空为主，这符合试题命制中非选择题的主要考查方式，考查阅读材料情境中相关的生物学基本概念、生命现象、生命活动过程与生命活动原理。同时，考查方式还出现了选择题，并且倾向于以不定项选择题形式考查，这体现了考查形式的多样化。简单论述题也有出现，往往是基于材料情境并且与生活密切相关的生物学观点考查，以及表达健康常识、环保意识的能力考查。考查方式的多样化有利于充分挖掘阅读材料中的信息，有利于考查学生多种思维习惯和解题能力。考查方式的多样化对于引导学生阅读科普文章有一定的指导意义，比如，填空题的考查需要学生关注文中的关键词和段落大意；不定项选择题的考查需要学生关注语句之间、段落之间的逻辑关系；论述题的考查需要学生掌握科普文章整体的语意，并能与所学概念、生活体验，对社会或科学问题持有的态度相关联。

（3）科普文章主要是提供情境和关键信息的载体。科普文章的主题是科学知识的普及，文章面对群体较广。因此，科普文章的学科知识并不难，学术性也不强，行文通俗，趣味性强。中考试题中的科普文章在阅读方面的价值引领作用巨大，即便对于初三学生而言，文章内容的深度和难度也均不高。中考科普文章素材在考查阅读素养方面，主要表现在提供阅读的素材，提供相关知识背景和问题情境，是回答考查问题的关键信息的载体。

（4）问题考查难度不大。问题的设置具有这样的特点，“高起点、低落点”，文本以看似陌生的情境、大段的文字呈现，但是，问题的考查又回归于生物学的核心概念。比如，2020 年北京中考生物卷中的科普阅读题，情境是围绕西双版纳的生态系统展开，叙述了西双版纳生态系统中生物多样性，但在问题设计方面，将文中的相关信息与生物学基本概念相关联。“生态系统组成”“种间关系”“生态系统自动调节能力”“生物的进化与适应”等都是学科基础概念。学生只需要理解基本的学科概念知识和具备一定的阅读能力即可正确完成答题。

（5）科普阅读题考查量适宜。无论是小题的数量、阅读的字数，还是文本信息的复杂程度和题目考查的深度，这些方面均是适宜的，这与初中学生的阅读能力是相适应的。考查小题的问题数目平均为 6 个问题左右，而且问题难度递增，答案的书面表达量小。

总之，中考生物科普阅读题的命题设计，笔者认为体现了两方面的价值。一方面，科普阅读题的考查形式丰富了试题命题的灵活性和多样性，客观上减少了机械刷题的学习方式，从引导教学的角度看，避免了教死知识，转而重视知识的理解和迁移应用。另一方面，科普阅读题更好的价值在于引导整个教育生态系统重视阅读，重视科学阅读。这里的教育生态系统包含社会、学校、家庭、教师和学生。

三、中考生物科普阅读题对发展阅读素养的导向

评价促发展是教育教学中的定律。基于中学生阅读素养的现状和现今社会对公民阅读素养的要求考虑，中考试题命制引入了科普阅读题的评价方式，旨在引导学生、教师、学校、家庭和社会加大对阅读的关注。应关注阅读，从阅读中增加科学知识，提高全社会的科学素养。

阅读可以说是关乎个人、学校、家庭乃至国家和民族的一个文化工程。在我国，中考和高考是关系到国家、社会、学校和家庭方方面面的教育大事。由多种因素引发的“声势浩大”的教育内卷，严重干扰了正常的教育生态。教学死扣细枝末节、机械刷题、“无底洞”式的课外辅导等反常教育现象已使课堂内外的阅读销声匿迹。在“双减”背景下，加强全学科阅读，提升教与学的品质，有效减轻课堂内外的负担，引导教学走向素养发展。因此，提升阅读素养是当前特殊背景下的关键工程。做好阅读工程需要全面设计，长期布局。中考试题中加强阅读的设计便是这项工程的引领手段之一。有了中高考指挥棒的引领，阅读兴趣、阅读态度、阅读能力和阅读评价等阅读素养的发展定会走向正轨，走向繁荣。

从科普阅读题的命制可知，考试评价刚性地提高了学生对阅读必要性的认识；科普阅读题以多种形式考查，对提高学生各项阅读能力有直接的促进作用，比如阅读中信息的提取能力，信息的加工能力，阅读获得的输出表达能力，阅读内容同化后学生对知识的迁移和应用能力。中考试题中的科普阅读题能发挥多角度的引领作用，从学段来看，

中考题中的阅读考查影响力势必会扩散到初一、初二年级，甚至小学阶段的科普阅读。从影响范围来看，中考题对科普阅读的考查会影响到家庭、学校甚至社会对科普阅读的关注和投入。从引领方向来看，中考阅读题的考查不仅引领对阅读本身的关注和投入，还会引领阅读从浅表向深入发展，引导阅读从兴趣阅读向专业阅读发展，引导阅读从直线式的阅读向复杂技巧式的阅读发展。

第五节
北京高考生物学阅读素养测评分析

一、考查背景

2020年北京市实施新高考，新高考的主要特征在于学生从高中6个科目中选科选考，不再是传统的文理分科。成绩分数除语数外三科是裸考分数以外，选考的科目在高考中的成绩是以在全市该科成绩的排名进行等级赋分，因此，新高考中选考的三科考试也称为等级性考试。为了让教师、学生适应新高考的第一次考试，北京考试院于2020年在全市组织了两次适应性考试。在两次适应性考试生物学科试题中均出现了科技文本阅读题（也称科学文本阅读题/生物学材料阅读题，本书一致称为科技文本阅读题）。虽没有官方正式地解说为什么北京新高考生物卷中会出现科技文本阅读题，但科技文本阅读题的考查形式和考查特点，却得到了教师们的一致认同。

科技文本阅读题的命制有其必然的逻辑和理由。首先，高考科技文本阅读题是对中考科普文本阅读题的延续和深化，延续了考查形式的多样化，延续了对阅读素养发展的评价引领，延续了考试评价由知识走向能力，再走向素养的发展方向。其次，科技文本阅读题是对新高考、新课程、新教材的呼应。在新高考背景下，改变考试评价方式，增加考试考查形式的多样化，引导教学以发展素养为中心，引导教学走出教死书、机械刷题的困境。再次，与国际素养测试接轨。PISA测试在我国部分地区已开展多年，北京市部分高中学校的学生参与了PISA国际测试。在全球教育处于核心素养发展的时代，PISA测试对阅读的重视反映了未来教育的发展方向，也反映了未来人才应具备的能力方向。作为全国基础教育高地和一座国际化城市，北京中高考测试在某些方面与国际教育测试接轨是必然的事情，也是教育评价积极发展和尝试的探索。最后，笔者认为，高考加大对全学科阅读的考查力度，加强对科技文本的阅读考查，依然是对当前中学生阅读素养缺乏的高度回应，以社会全民高度关注为平台，以高考评价这个有力的指挥棒，引导整个教育生态重视阅读，发展阅读素养，从而解除教育实践中长期存在的一些顽固问题，比如应试教育导致的高分低能、重知识轻能力等。

二、北京高考生物卷科技文本阅读题命制特点

【2020年北京高考生物卷阅读题】

阅读以下材料，回答（1）~（4）题。

创建D1合成新途径，提高植物光合效率

植物细胞中叶绿体是进行光合作用的场所，高温或强光常抑制光合作用过程，导致作物严重减产。光合复合体PSⅡ是光反应中吸收、传递并转化光能的一个重要场所，D1是PSⅡ的核心蛋白。高温或强光会造成叶绿体内活性氧（ROS）的大量累积。相对于组成PSⅡ的其他蛋

白，D1对ROS尤为敏感，极易受到破坏。损伤的D1可不断被新合成的D1取代，使PSⅡ得以修复。因此，D1在叶绿体中的合成效率直接影响PSⅡ的修复，进而影响光合效率。

叶绿体为半自主性的细胞器，具有自身的基因组和遗传信息表达系统。叶绿体中的蛋白一部分由叶绿体基因编码，一部分由核基因编码。核基因编码的叶绿体蛋白在N端的转运肽引导下进入叶绿体。编码D1的基因psbA位于叶绿体基因组，叶绿体中积累的ROS也会显著抑制psbA mRNA的翻译过程，导致PSⅡ修复效率降低。如何提高高温或强光下PSⅡ的修复效率，进而提高作物的光合效率和产量，是长期困扰这一领域科学家的问题。

近期我国科学家克隆了拟南芥叶绿体中的基因psbA，并将psbA与编码转运肽的DNA片段连接，构建融合基因，再与高温响应的启动子连接，导入拟南芥和水稻细胞的核基因组中。检测表明，与野生型相比，转基因植物中D1的mRNA和蛋白在常温下有所增加，高温下大幅增加；在高温下，PSⅡ的光能利用能力也显著提高。在南方育种基地进行的田间实验结果表明，与野生型相比，转基因水稻的二氧化碳同化速率、地上部分生物量（干重）均有大幅提高，增产幅度在8.1%～21.0%之间。

该研究通过基因工程手段，在拟南芥和水稻中补充了一条由高温响应启动子驱动的D1合成途径，从而建立了植物细胞D1合成的“双途径”机制，具有重要的理论意义与应用价值。随着温室效应的加剧，全球气候变暖造成的高温胁迫日益成为许多地区粮食生产的严重威胁，该研究为这一问题提供了解决方案。

（1）光合作用的________反应在叶绿体类囊体膜上进行，类囊体膜上的蛋白与________形成的复合体吸收、传递并转化光能。

（2）运用文中信息解释高温导致D1不足的原因。

（3）若从物质和能量的角度分析，选用高温响应的启动子驱动psbA基因表达的优点是：________________。

（4）对文中转基因植物细胞D1合成“双途径”的理解，正确的叙述包括________。

A. 细胞原有的和补充的psbA基因位于细胞不同的部位

B. 细胞原有的和补充的D1的mRNA转录场所不同

C. 细胞原有的和补充的D1在不同部位的核糖体上翻译

D. 细胞原有的和补充的D1发挥作用的场所不同

E. 细胞原有的和补充的D1发挥的作用不同

【参考答案】

（1）光　光合色素

（2）高温导致叶绿体内大量积累ROS，D1对ROS尤为敏感，极易受到破坏；ROS会显著抑制叶绿体基因组中编码D1的基因psbA mRNA的翻译过程，从而导致D1合成不足。

（3）高温条件下，高温响应的启动子驱动的补充的psbA基因高表达，有助于提高植物在高温下PSⅡ的修复效率，从而提高植物对光能的利用率，提高光合效率，合成较多的有机物，以保证植物在高温条件下的产量；常温条件下，补充的psbA基因表达量较低，可避免物质与能量的浪费

（4）ABC

【2021年北京高考生物卷阅读题】

学习以下材料，回答（1）~（4）题。

光合产物如何进入叶脉中的筛管

高等植物体内的维管束负责物质的长距离运输，其中的韧皮部包括

韧皮薄壁细胞、筛管及其伴胞等。筛管是光合产物的运输通道。光合产物以蔗糖的形式从叶肉细胞的细胞质移动到邻近的小叶脉，进入其中的筛管–伴胞复合体（SE–CC），再逐步汇入主叶脉运输到植物体其他部位。

蔗糖进入SE–CC有甲、乙两种方式。在甲方式中，叶肉细胞中的蔗糖通过不同细胞间的胞间连丝即可进入SE–CC。胞间连丝是相邻细胞间穿过细胞壁的细胞质通道。在乙方式中，蔗糖自叶肉细胞至SE–CC的运输（图1）可以分为3个阶段：①叶肉细胞中的蔗糖通过胞间连丝运输到韧皮薄壁细胞；②韧皮薄壁细胞中的蔗糖由膜上的单向载体W顺浓度梯度转运到SE–CC附近的细胞外空间（包括细胞壁）中；③蔗糖从细胞外空间进入SE–CC中，如图2所示。SE–CC的质膜上有“蔗糖–H^+共运输载体”(SU载体)，SU载体与H^+泵相伴存在。胞内H^+通过H^+泵运输到细胞外空间，在此形成较高的H^+浓度，SU载体将H^+和蔗糖同向转运进SE–CC中。采用乙方式的植物，筛管中的蔗糖浓度远高于叶肉细胞。

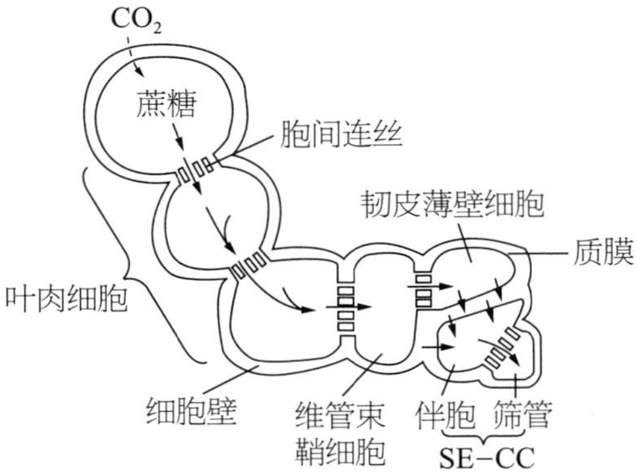

图1

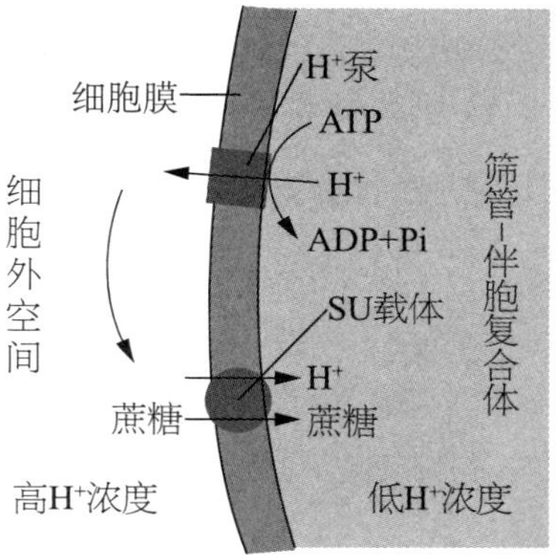

图 2

研究发现，叶片中 SU 载体含量受昼夜节律、蔗糖浓度等因素的影响，呈动态变化。随着蔗糖浓度的提高，叶片中 SU 载体减少，反之则增加。研究 SU 载体含量的动态变化及调控机制，对于了解光合产物在植物体内的分配规律，进一步提高作物产量具有重要意义。

（1）在乙方式中，蔗糖经 W 载体由韧皮薄壁细胞运输到细胞外空间的方式属于________。由 H^+ 泵形成的________有助于将蔗糖从细胞外空间转运进 SE-CC 中。

（2）与乙方式比，甲方式中蔗糖运输到 SE-CC 的过程都是通过________这一结构完成的。

（3）下列实验结果支持某种植物存在乙运输方式的有________。

A. 叶片吸收 $^{14}CO_2$ 后，放射性蔗糖很快出现在 SE-CC 附近的细胞外空间中

B. 用蔗糖跨膜运输抑制剂处理叶片，蔗糖进入 SE-CC 的速率降低

C. 将不能通过细胞膜的荧光物质注射到叶肉细胞，SE-CC 中出现荧光

D. 与野生型相比，SU 功能缺陷突变体的叶肉细胞中积累更多的蔗

糖和淀粉

（4）除了具有为生物合成提供原料、为生命活动供能等作用，本文还介绍了蔗糖能调节SU载体的含量，体现了蔗糖的________功能。

【参考答案】

（1）协助扩散/易化扩散　　（跨膜）H^+浓度差

（2）胞间连丝

（3）ABD

（4）信息传递

1. 文本内容分析

从两篇高考真题分析归纳，寻找新高考生物卷中科技文本阅读题的内容特点，这显然是有失偏颇的。因此应从真实性角度分析，放弃对适应性测试题和模拟题的分析，保持分析的保真性。这里暂且从两篇文章中寻找值得关注的蛛丝马迹。

从共性方面分析，这两篇文章理解难度较大，文章以植物生理的分子机制阐释为中心，分子机制的阐释需要一系列专业的术语，这增大了语句的理解难度。从对专业知识的理解方面分析，文章阐释的植物生理分子机制，与高中生物学概念体系有关，但情境、机制都更复杂。读懂文章大意，需要扎实的高中生物学知识，还需要有较强的阅读能力，尤其是信息获取能力和加工能力。两篇文章字数均为700字左右，从内容方面分析，文章已不能被认为是科普文章了，而是一篇或多篇科技文献加工整合而成，具有一定的学术性。因此，高中生物卷中的阅读文本题被认定为科技文本阅读题是合适的。从题材方面分析，两篇文本均属于科技类文本；从体裁方面分析，两篇文本属于典型的科技说明文本。从文本形式看，两篇文章有一定的差异，但也不能说明问题。2020 年生物科技文本阅读题是非典型的非连续文本，这是从各段落内容之间的关系角度界定的。2021 年生物科技文本阅读题中包括一幅分子机制图，且图中信息量很大，图中信息与文本文字信息是不可分割的整体，这更加符合科技说明文的特点。显然，后一个文本属于典型的非连续文本。对于此文本的阅读作答，必须从机制图或原理图等非连续文本中获取信息，这样的设计增加了对文本信息“整合与解释”“反思与评判”的难度。

两篇阅读文本的特征差异也是明显的。2020 年高考试题中的科技文本的素材背景是我国科学家利用基因工程技术育种的成就，育种的背景折射出文本渗透的科技与农业、创新实践等理念，分子水平的育种与高中基础知识高度关联，因此，命题的基础性是较好的。分子水平的育种需要相应的技术，需要鉴别和选择，这就决定了文本中有实验结果及其分析。综上所述，2020 年的考题中科技文本在内容理解方面难度是较大的，考虑是新高考第一次命制的科技文本阅读题，并不完全具有代表性。2021 年的考题中科技文本的素材背景是植物生理中光合产物进入韧皮部筛管的分子机制，配以相应的分子机制图。对于高中生而言，如果文本内容涉及分子水平，文本的理解难度就比较大。同时，蕴含信息量很大的机制图作为非连续文本，对中学生而言，阅读理解难度也是很大的。文本中文字部分与图像中的信息高度关联，相互结合才能完整地表达文本的中心意思，文本形式属于典型的混合文本。

从两篇文本的分析看，结合新高考、新课程的理念，可总结出高考科技文本阅读题所折射的几个关键点，比如我国的科技成就、分子水平、非典型的非连续文本等关键点是科技文本阅读题文本的高频关联点。

2. 考查特点及规律

第一，题目考查层级发生变化。在最新布鲁姆学习目标分类系统中，认知能力层级分为六个层级，依次是识记、领悟（理解）、运用、分析、综合、评价。其中，分析、综合和评价被界定为高阶思维能力层级。新课改后，高考命题逐步由知识立意向能力立意过渡。2017 年，新版修订课标出版后，高考命题逐步向素养导向、能力立意转变。在 2020 年开始的北京新高考中，生物高考试题能力层级明显，素养导向和能力立意显著体现。

2019 年 4 月，北京考试院生物学科命题秘书孙鹏、臧铁军等老师发表了关于“核心素养下的能力测评框架”[①] 的研究成果。这一成果发表后，即成为一线教师分析试题、命制试题的重要依据，也是高中生物教学能力发展的重要参考依据。测评框架将生物学科核心素养中的关键能力分为理解、应用、思辨和创新四个能力层级，又将每个能力层级细分为若干能力要素。理解能力层级包括辨认、比较和解读；应用能力层级包括推理和归因；思辨能力层级包括论证和评价；创新能力层级包括假设和设计。2021 年 4 月，孙鹏主编的《生物学核心素养评价研究与实践》出版。该书指出，生物学能力测评框架的研制对高考新题型“科技文本阅读题”做了重要分析和参考，并就生物学科四个核心素养的考查与试题命制分类进行了能力测评框架的分析。[②] 这项成果是基于北京市新高考生物学试题研发的，对于试题分析、教学指导具有很强的指导意义，可操作性很强。相比于最新布鲁姆学习目标

---

① 孙鹏、臧铁军等：《构建基于核心素养的生物学科能力测评框架》，《课程·教材·教法》2019 年第 4 期。

② 孙鹏：《生物学核心素养评价研究与实践》，北京出版社 2021 年版，第 23 页。

分类，测评框架认为新高考考查以理解能力为基础，摒弃低阶的识记考查。

因此，本书中关于高考试题的分析，无论是科技文本阅读题，还是以科研论文为真实情境改编的实验探究大题，对于问题考查能力层级的分析，均以孙鹏等人研制的生物学核心素养下学科能力测评框架为依据。同样，本书后面引用的教学设计案例，对于例题的分析也是采用本框架分析。

在2020年北京生物卷科技文本阅读题中，第（1）小题中两个问题的考查均属于理解能力层级的辨认能力要素；第（2）小题“解释高温导致D1不足的原因”考查属于应用能力层级的归因能力要素；第（3）小题“分析psbA基因表达的优点”属于思辨能力层级的评价能力要素；第（4）小题以多选题的形式考查，属于理解能力层级中比较能力要素。

在2021年北京生物卷科技文本阅读题中，第（1）小题的两个空考查了对学科专业机制原理图的解读，是理解能力层级的解读能力要素；第（2）小题同第（1）小题，考查对甲图的信息解读或辨认；第（3）小题考查根据实验结果是否支持乙图中运输方式，属于思辨能力层级的论证能力要素；第（4）小题考查了新情境中蔗糖的信息传递功能，属于应用能力层级的推理能力要素。

总结两年新高考科技文本阅读题考查特点，能力层级以理解能力层级为基础，以理解和应用两个能力层级为主，兼顾设计一个思辨能力层级或一个创新能力层级。当然，从两套试卷试题特点分析得出结论，样本数量是不够的。但高考命题改革始终坚持稳中求变的原则，上述特点和规律具有一定的参考价值和意义。

第二，题目考查形式多样化。两年的科技阅读文本在题目考查方式上差异较大，其中2020年文本偏向于归因和评价能力考查，作答须以长句论述完成，需要考生有较强的文字书面表达能力。在题目考查形式上，2020年科技文本有填空考查，但数量较少，为1～2个，并且需要借助题目情境和主干知识才能完成，这一点区别于中考科普文本的填空考查。高考科技文本阅读设计有不定项选择题，增加了考查形式的多样化，同时增加了试题作答难度。考生需要从题目中获取信息并进行加工，结合学科核心概念的理解才能做出正确选择。科技文本阅读重点突出了推理、归因、论证、评价等高阶能力的考查，这些能力要素的考查均以论述题形式为主，考生需进行“小写作”，完成100字左右的书面表达。表达内容要符合严密的论证逻辑和概念逻辑。2021年高考科技文本阅读题的考查难度、考查形式与2020年基本相同，但更多地保留了填空的考查形式。至于保留相对容易作答的填空形式，这也与整套题的命制设计有关。笔者对近两年北京市考试院适应性测试题和各城区模拟测试题进行了对比分析，发现科技文本阅读题的题目考试形式与上述对2020年高考阅读题的分析是一致的。尤其是阅读题中文本内容结合最新科技研究成果，有利于设计基于考查创新、思辨能力的论述题，有利于设计开放性问答题。这从技术层面上避免了靠刷题应试的问题，是考试评价从知识考查转向能力考查和素养考查的关键设计。因此，从高考改革和教育改革的大背景分析，科技文本阅读题会稳定存在于高考题中，思辨和创新能力要素的论证式考查是重要的考查形式。

第三，突出对阅读评价的考查，即考生从文本中获取信息后，进行加工，结合高中生物概念体系对文中的观点甚至教材的观点进行评价分析。比如在2020年文本中，“从物质和能量的角度分析，选用高温响应的启动子驱动psbA基因表达的优点”。

总之，相对于中考试题中的科普阅读题，高考科技文本阅读题的难度明显上升，阅读理解的难度大于教材文本阅读。文本素材主要来自对某一个主题的科技文献的综合改编。题目设计指向能力立意、素养导向，正面考查了学生的学科核心素养，最大程度避免了死记硬背的学习方式，避免了机械刷题式的应试教学。在能力考查层面，在理解能力考查的基础上，突出了对应用能力、思辨能力、创新能力和书面表达能力的考查。参考 PISA 测评框架标准，科技文本阅读考查明显偏重于后两个标准，“基于能力的评价标准——整合与解释”和“基于创新的评价标准——反思与评判”。参考 PISA 阅读素养测评框架要素，科技文本阅读考查题型同样是多样化的，问题设计有多项选择、论证式问答、开放式问答。文本设计的情境也是多元化的。

从与 PISA 测评比较角度分析，高考科技文本阅读题在阅读测评标准、测评框架设计上与 PISA 测评保持了一致。PISA 测评针对国内高一学生水平，而高考针对高中毕业生，从学段看基本一致。在文本形式方面，高考科技文本属于非典型的非连续文本，这是因为大多数科技文本阅读配以各种图表。同时，与叙事性连续文本相比，非连续文本中文字部分段落之间的相关性较差，接近于科技说明文。这与语文学科界定的非连续文本是基本一致的。因此，科技文本可被界定为非典型的非连续文本，在这个基础上分析文本阅读测评标准和测评框架是适宜的。

三、高考生物科技文本阅读题对发展阅读素养的导向

高考对整个教育生态有着巨大的指挥引领作用，高考试题的特点和考查方向是整个基础教育阶段的风向标。从这个角度分析，科技文

本阅读题无疑对整个基础教育阶段科技文本阅读的发展有巨大的导向作用。

首先，高中生物学教学就有明显体现，自2020年北京高考生物卷出现科技文本阅读题之后，从高一到高三，从单元检测、期中期末检测到高考模拟测试，生物卷中均有科技文本阅读题的设计。考试评价引领教学风向，可以说，科技文本阅读题的设计改变了教学的生态。教师在单元备课、课时备课时，根据教学内容的特点，对阅读素养的发展考虑比过去的教学设计更充分。学生在学习过程中，在高考题设计方向的引领下，主动有意识地加强科技文本的阅读。

其次，从市、区生物学科教研活动内容分析，教研活动内容对科技文本阅读明显倾斜和加强，从专家讲座到课例研讨，教研活动对科技文本阅读的教学进行了广泛而又深入的研讨和实践。科技文本阅读题的材料素材选择广泛，有摘自大学专业教材的部分内容，有当前最新科研成果，有关注生态方面的科普文章等。从这两年的高考题和这两年北京各城区的模拟题归纳分析，文本内容与高中概念体系不存在重叠或重复基础上加深拓宽的情况，情境资料的专业知识、阅读理解难度高于高中教材文本内容，但阅读作答需要依靠高中概念体系。因此，从素材和背景的选择上，文本阅读题基本上与应试押题或机械刷题隔绝了。从各小题的考查设置中，基本上避免了机械刷题得分的情况，主要以应用以上能力层级的考查为主。即便是容易得分的第一小题，考查也往往是理解能力层级，采取在真实情境中考查知识的辨认、比较和解读。高阶思维能力的考查需要较大的思维量，作答需要用长段文字进行书面表达。因此，从问题设计的角度分析，科技文本阅读题同样避免了机械刷题应对高考的情况。正是有上述两方面的设计优势，在市、区教科研对高考题研讨的过程中，科技文本阅读题的特点、教学与复习方法、命题设计训练是教研活动的重点和热点。

再次，教科研对科技文本阅读的重视。在市、区规划课题申报和教育学会课题申报的申报指南中，均加强了对阅读素养、全学科阅读的研究。在市、区教育教学征文中，对全学科阅读的教育教学征文活动明显增多。全学科阅读项目在北京市各区已研究实施了近 3 年的时间，形成了包括论文、研究课课例、培训、讲座等一系列成果。以笔者所在的区和学校为例，从 2020 年至今，每学期区全学科阅读项目均有子课题申报和专题培训及讲座，项目组定期到各级中小学下校调研和指导。笔者所在学校，在 2021 年区规划办课题申报中，参报 33 项课题，阅读类课题 12 项，其中理科学科的阅读类课题 7 项，并全部立项。学校每学期承担一次全区范围内的全学科阅读研究交流，每学期上交的全学科阅读征文在 40 篇以上。教科研活动是教育教学热点的风向标，也是攻克教育教学重难点的关键途径。

最后，从社会发展需求和学生阅读变化分析，近两年对高一、高二学生的调查访谈显示，学生对科技文本的关注和阅读有一定程度的提高，对学习和生活中遇到的科普科技类文本有更多的关注和阅读。笔者所在的学校，部分学生在参加研究性学习、课堂调查学习任务、科技比赛等活动期间，均会下载或查阅一定数量的科技文献，认真阅读并进行文本的分析加工，最终形成自己的作品进行汇报展示交流。

显然，高考命题中科技文本阅读题的设计对引导基础教育重视阅读素养发展的作用是巨大的。当前，科技文本阅读题的设计仅为 2 年，巨大的引领力量正在逐步释放。可以预见，在未来的教育阶段，从教学改革发展、教科研组织、教师教科研方向和热度，到学生在生活和学习中主动阅读科技文本都会迎来发展高峰。

第六节

高考科技文本阅读题的演化规律及特点分析①

北京市高考生物试题历来注重学习能力的考查。伴随着北京市普通高中学业水平等级性考试（以下简称新高考）改革的步伐，作为生物新高考中的新题型，科技文本阅读题出现在了 2020 年和 2021 年的试题中。北京市生物新高考试卷和测试卷中设置了科技文本阅读题型，本文对该题型命制的意义、特点和备考策略进行研究。

一、科技文本阅读题型推出的意义

我们生活在一个信息爆炸的时代，知识随处可见，触手可及，几乎隔一段时间就会有所谓的“颠覆性的新发现”博人眼球。身处这样的环境更加要求我们的学生具有筛选、辨别和处理新信息的能力。21 世纪是生物学的世纪，生命科学的飞速发展，无尽的前沿知识、新的工具和技术都要求学生具备更强的主动学习的意识和快速学习的能力。这就要求考题能测试学生快速筛选和获取有效信息，将新知识整合到自己已有的知识网络并运用新知识解决问题的能力。在这样的背景下，科技文本阅读题型应运而生。

---

① 本节由常振宇老师编写。

二、科技文本阅读题型的命制特点

科技文本阅读题型正式亮相于2020年普通高中学业水平等级性考试生物试卷中，在2021年新高考试题中稳中有变。在此之前的2018年9月、2019年11月和2020年3月，北京教育考试院组织的三次大型测试中都有这一题型。这几次试题考查的内容、形式和命题特点都不尽相同，下面依时间顺序逐一分析。

1. 第一次测试试题分析

2018年9月的测试卷中，以芽殖酵母和裂殖酵母在细胞周期研究中的应用为文本情境，介绍了芽殖酵母和裂殖酵母的分裂方式，及其 *cdc* 基因温度敏感突变体的表现型，要求学生基于相关信息进行信息解读、现象归因和实验设计等，考查了生命观念、科学思维和科学探究素养。

北京教育考试院选取一个城区和一个郊区的测试数据进行统计分析，结果见表3。

表3　第一次测试数据统计表

题号	满分	最高分	最低分	平均分	难度	区分度	标准差
19	10	10	0	1.76	0.18	0.72	1.72
19-1	2	2	0	0.43	0.22	0.51	0.60
19-2	1	1	0	0.25	0.25	0.43	0.37
19-3	2	2	0	0.54	0.27	0.55	0.63
19-4	2	2	0	0.39	0.20	0.50	0.56
19-5	3	3	0	0.15	0.05	0.33	0.45

从抽样结果来看，本试题难度较大，整体难度为0.18，各小题难度均在0.3以下，尤其最后一问的难度值为0.05。这种结果的出现既有试卷的原因，也有材料选择和设问的问题。由于是测试卷，整套试卷的试题容量较大，信息量和要求学生书写的文字表达量均偏大，加上原来生物试卷只有5道选择题和3道非选择题，学生初次接触15道选择题和6道非选择题、满分100分的试卷，本身就不适应，导致学生做题时间不够，加之此题为阅读题，学生答这道题的时间就更短了。

从试题本身分析，此题材料选择了与必修1《分子与细胞》中细胞增殖有关的重要科学发现，属于经典科学史范畴。美国华盛顿大学的哈特韦尔（Leland Hartwell）及其同事用遗传学的方法从模式生物芽殖酵母中筛选出控制细胞周期的基因，从此揭开了细胞周期调控的分子机制。此项研究不仅解答了细胞生物学的基本问题，还直接推动了包括癌症研究在内的很多其他领域的研究，哈特韦尔和其他两位科学家也因此项研究获得了2001年的诺贝尔生理学或医学奖。

材料的选择本身没有问题，但对于大多数高中学生而言，细胞增殖本身就是学习的难点，再加上对芽殖酵母和裂殖酵母等模式生物不熟悉，使得这道试题对学生很不友好，部分学生直接弃做，导致本题平均分下降。从设问的角度分析，本题第（1）小题直接考查细胞周期的概念，学生在之前的考试中习惯于回答常见的生物学术语或名词，初次接触第一问就要书写文字量较多的概念，表现出极大的不适应。本题的第（3）小题要求学生根据图中裂殖酵母表型的区别，并且依据生物学知识解释原因，这一设问中没有明确的提示（如根据细胞分裂的相关知识分析），导致学生作答情况不理想。本题的第（4）小题考查了研究者在研究时根据芽体大小确定细胞处于细胞周期阶段的方法，多数学生缺乏探究性实验的研究经历，所以作答不理想。本题第（5）小题要求："根据本题信息，请推测 Hartwell 是如何通过实验操作获得该温度敏感型突变体的？"要回答这一问题，学生需要将基因突变、微生物的培养和分离与文中信息有机整合，考查难度过大，导致学生得分率极低。

2. 第二次测试试题分析

根据第一次测试的数据以及教师和学生的反馈，北京教育考试院在2019 年 11 月的第二次测试卷中做出调整，试卷的总体容量减小，同时重新设计了科技文本阅读题型，具体表现为：第一，新增了一个标题："*Science* 发表的这项新发现会导致教科书重写吗？"这样使学生在阅读之初就饶有兴趣。第二，这次的阅读文字量变化不大，但第一次测试的阅读题中有三组图片，为不连续文本阅读；此次没有图片信息，为连续文本阅读，使整题的信息量大幅减少。第三，试题选材涉及一种特殊光合作用的科学新发现，光合作用的知识情境是学生较为熟悉的内容，学生不会有畏惧心理。同时试题设问注重考查学生对新信息进行解读，确定生物学知识之间的异同，并基于这些异同进行分类和在新情境中综合运用生物学知识的能力，考查了生命观念和科学思维素养，相比于第一次测试题，解题的思维量有所下降。第四，试题参考答案的文字量大为减少，且答案复杂性降低。第五，本题的设问还有两处创新的任务类型：一是第（3）小题针对学生阅读材料后的抽象与概括能力进行考查；二是第（4）小题对科学表述能力进行考查，要求考生关注表述内容的层次性，以及科学表达的准确性、完备性和逻辑性，这对高中生物的课堂教学尤其是高三生物的复习课起到了一定程度的引领作用。

北京教育考试院选取与第一次测试相同的两个区的测试数据进行统计分析，使之与第一次测试的数据具有较高的可比性，结果见表 4。

表 4　第二次测试数据统计表

题号	满分	最高分	最低分	平均分	难度	区分度	标准差
19	12	12	0	6.15	0.51	0.68	2.51
19−1−1	2	2	0	1.17	0.59	0.35	0.96
19−1−2	1	1	0	0.10	0.10	0.18	0.31
19−1−3	2	2	0	1.76	0.88	0.30	0.63
19−1−4	1	1	0	0.39	0.39	0.25	0.49
19−2	2	2	0	0.83	0.41	0.44	0.98
19−3	1	1	0	0.46	0.46	0.21	0.50
19−4	3	3	0	1.43	0.48	0.53	0.87

由数据可以看出，相比于第一次测试题，本次测试题的平均分和难度值均大幅上升，难度相对适中，学生作答情况较为理想。这不排除学生是第二次参加测试，对试题已有一定的认识，不再有畏难情绪的因素，但更主要的原因还是在于试题的信息量、思维量和表达量合理化，学生作答本题的答题时间基本能够保证。其中第（1）小题的第 2、4 空，虽然能力要求不高，但因为对文字表达的准确性和完备性要求较高，因此得分率偏低。

本次测试题的试题情境和学生的学习背景贴合度高，问题设置合理，显示出科技文本阅读题型的命制愈加成熟。

3. 第三次测试试题分析

结合两次测试情况以及教师和学生的反馈，北京教育考试院在

2020 年 3 月设计了第三次材料学习型试题。本次试题设计有以下变化：（1）将阅读材料有标题这一形式固化，后来的两次正式的新高考试题都有标题。（2）试题素材选自一则关于北京市凉水河河流污染生态治理的新闻报道，响应习近平总书记“绿水青山就是金山银山”的生态文明建设理念，试题素材源自北京市学生的生活实际。试题的设问大部分涉及污染防治的实际问题，符合核心素养评价中对情境与任务设置的要求。（3）材料的文字量略有增加，没有图片，依然是连续文本阅读。新闻报道的科普文章属性使本题的新知识以事实性信息为主，信息量变化不大。（4）试题考查学生的理解能力、应用能力和创新能力，考查的核心素养包括生命观念、科学思维和社会责任，这是阅读题中第一次考查社会责任。试题的解题思维总量略微降低。（5）参考答案的文字表达量有所减少，由于生态试题本身难度较小，表达的复杂度要求进一步降低。

北京教育考试院选取与前两次测试相同的两个区的测试数据进行统计分析，使之与前两次测试的数据具有较高的可比性，结果见表 5。

表 5　第三次测试数据统计表

题号	满分	最高分	最低分	平均分	难度	区分度	标准差
19	11	11	0	7.58	0.69	0.65	2.34
19－1	2	2	0	1.73	0.87	0.35	0.68
19－2	2	2	0	1.25	0.63	0.35	0.96
19－3－1	1	1	0	0.94	0.94	0.24	0.23
19－3－2	2	2	0	1.26	0.63	0.50	0.83
19－4－1	2	2	0	1.61	0.81	0.38	0.63
19－4－2	2	2	0	0.78	0.39	0.26	0.96

本次测试题的整体难度值为0.69，属于中等偏易题，学生反馈作答时间较为充分，这也可视作考试院在最后一次测试中给考生发出的一个信号，不要也不用畏惧材料学习这一新高考新题型。

4. 2020年新高考试题分析

经过三次测试的数据分析，北京教育考试院在材料学习这一新试题类型的情境类型选择和任务设置组合方面积累了宝贵的经验。在这样的背景下，北京市作为全国第二批进入新高考的省市之一，推出了普通高中学业水平等级性考试的试题，其中的第19题为科技文本阅读题型在北京新高考中的第一次正式亮相。

本次试题与第二次测试题的情境类型一致，都选取了高中生物的核心知识光合作用的最新研究。试题和第三次测试一样采用连续文本阅读的形式，试题的总信息量与第二、三次测试基本一致，这都有助于考生在考场上用10分钟左右的时间快速阅读理解新信息，并将其与自己已有的光合作用知识进行整合来解答问题。

试题的题目为《创建D1合成新途径，提高植物光合效率》，简明扼要地概括了文章的主要内容。文章首先介绍了高温或强光影响D1含量进而导致光合效率下降。第二段文字补充在光合作用过程中其场所叶绿体的特点这一高于高中生物教材的知识，并引导考生思考如何提高PS Ⅱ的修复效率进而提高光合作用效率的方法。第三段文字展示了中国科学家在解决这一问题中的智慧：利用基因工程的技术在原有途径的基础上，通过将相关基因导入核基因组，创造性地补充了一条D1合成新途径，同时还将高温作为基因表达的条件。文章最后介绍了这一技术的理论意义和应用价值，体现了我国科学家通过粮食增产解决世界粮食危机的社会责任与担当。

试题设问层次分明，难易适中。第（1）小题考查光反应场所和光合色素的功能，内容简单且有信息助力，难度较小。第（2）小题任务稍显复杂，需要考生“运用文中信息解释高温导致 D1 不足的原因”，文中信息表述的原因分布在第一和第二两个段落，作为试题的第（2）小题，此设问难度略大。从实际回答的情况来看，确实存在一部分学生不能将两个原因答全的现象。第（3）小题要求考生“从物质与能量的角度分析，选用高温响应的启动子驱动 psbA 基因表达的优点”，这一设问的目的是引导学生思考科学家解决问题的高明之处：既要在高温时解决植物光合效率低的问题，又要在常温时不会因为多一条途径而造成不必要的物质和能量浪费。此问的任务设置复杂，对学生生物学的生命观念和科学思维要求较高，难度较大。第（4）小题是一道多选题，进一步丰富了文本阅读题型的设问形式。此问考查考生对文本中第四段中“D1 合成的‘双途径’”的理解。作为多选题，这一问的难度自然要比第二次测试卷中的单选题难度大，但毕竟有选项内容的提示，相比于第（2）、第（3）小题，难度略低。

这次试题的素材就像生物学研究领域中常见的科技新闻，有关于问题的综述，有突破性进展，也有科技发展的意义。设问的整体难度比第二、三次测试略高，比第一次测试的难度低，且在整体新高考试题的六道非选择题中难度适中。

5. 2021 年新高考试题分析

2021 年的北京市普通高中学业水平等级性考试的科技文本阅读题型依然出现在第 19 题，试题的情境依然与光合作用有关，关注光合产物进入筛管进行物质运输的过程。形式上稳中有变，既有题目和多选题这样的继承，又有非连续文本阅读的变化。值得注意的是，题目的叙述第一次采用“学习以下材料，回答（1）~（4）题”，更加明确地指出此题型为科技文本阅读题，重在测评考生主动学习获取信息、运用知识进而创新思考的快速学习能力，关注考生未来的发展潜力。

试题的题目与第二次测试卷一样，选用了疑问句的题目《光合产物如何进入叶脉中的筛管》，首段为新知识的引入部分，带领考生进入情境，介绍筛管的相关知识。第二段为文章重点，结合文字和两幅图片信息介绍光合产物蔗糖进入筛管的两种方式。试题的第（1）和第（2）小题均需考生快速理解并内化材料中的这部分生物学知识并做出判断。同时在第（3）小题中加大了多选题的难度，需要考生根据乙方式的特点寻找证据，借助选项给出的实验新情境将整合后的信息正确加工并输出。第三段总结光合产物运输中的反馈调节机制以及了解光合产物分配规律的意义。第（4）小题需要考生结合第三段文字的信息和已有知识，得出“蔗糖不仅是植物体内光合产物运输及能量贮存的主要形式，还可以作为信号分子调节细胞的物质代谢，参与光合产物在体内的运输和分配”这一全新论断，考查考生能否突破常规思维。

与2020年科技文本阅读题相比，本次命题的难度下降，回归命题者命制第一次测试卷时的初心，有利于满足高校对高水平生源的需求。虽然素材来自高校生物教材，但在表述上避免使用考生无法理解的专业术语，不给考生的理解故意设置障碍。同时命题设置合理化，形式为内容服务，文本复杂而任务简单，使考生在有限的时间里，表现出自己的学习能力。

三、如何有效解答科技文本阅读题

综合几次考题的命制特点，新高考的科技文本阅读题型选材多为科技文章，遵循提出问题、解决问题和现实意义的一般叙述流程。考生需要结合题目找到文章的主旨大意，快速阅读确定每段的重点，阅读试题后回到文中正确位置寻找信息解答问题。对于试题中的多选题，由于选项多涉及文章细节，需要考生从选项中提取关键词，以此为线索回到原文进行信息定位，然后将选项内容与原文信息比对，做出合理判断。

第三章

生物学阅读素养发展的教学策略

我国基础教育阶段的阅读素养表现在阅读兴趣、阅读态度、阅读能力和阅读评价四个方面，其中，阅读能力是阅读素养的核心。发展中学生阅读素养应该从上述四个维度出发。因文本的特点和中高考评价需求不同，生物学阅读素养的发展与广义上所说的阅读素养发展有共性，也有特性。如前面的章节所述，生物学文本主要是科普、科学技术类的内容，主要体裁为说明文，并辅以大量的图表等形成非连续文本。中考对生物学阅读素养的评价以科普短文为载体，考查学生对科普文章进行信息获取、信息理解和应用的能力。高考对生物学阅读素养的评价与学科概念、学科研究方法和学科知识应用的评价相结合，以难度较大的科技文本为载体。文本内容源于专业教材、科研著作和科技期刊文献，将专业文献进行重组加工为适合高考考查的科技文本。抛开中高考评价现状谈发展生物学阅读素养是不切实际的，不考虑学科特点谈生物学阅读素养发展也是不合时宜的。

以高考评价生物学阅读素养来说，科技文本内容与高中生物学概念体系、生物学研究方法与技术以及高中生物学学习所必需的科学思维、科学探究能力密切相关。从这个角度分析，课堂教学应该是发展学科素养和阅读素养的主要阵地，学科核心素养的发展是发展学科阅读素养的基础。生物学科技文本不同于教材内容，来源比较广泛，有的是多篇科技文献改编的文章，有的是期刊最新研究成果改编的文章。生物学科技文本的来源决定了其文本的特殊属性，即与调查、研究以及相关调查和实验的图表密切有关。由此可见，发展生物学阅读素养的渠道就不止课堂教学一条途径了，形式也不局限于教材和已加工整理过的科技文本了。

和其他素养的发展规律一样，阅读素养不能依靠讲授完成，阅读素养的发展需要在实际情境中进行思维和探究的训练得到。在真实情境的长期训练中，逐步形成正确的价值观念、必备知识和关键能力。在日常生物学课堂教学中，学生接触最多的文本是教材文本和习题文本。从实际发展考虑，中学阶段发展生物学科技类文本阅读素养应在教材文本、习题文本和科技文本中同时进行。另外，还可以辅以课外科技文本阅读。

无论课内还是课外，依据的文本是教材还是科技短文本，抑或课外读物，阅读素养的发展都离不开阅读兴趣、阅读态度、阅读能力和阅读评价四个方面。而逆向设计阅读素养发展的教学方案是关键的路径。

第一节

基于教材阅读的教学设计策略

教材是学生学习过程中接触频率最高、接触时间最长的文本，甚至是学生阅读学科知识的唯一长文本。从教学的角度讲，教学依据学科课程标准执行，而教材是依据学科课程标准而开发的教学资源。在我国基础教育教学中，教师和学生都是面对同一套教材。因此，学科教材是教与学过程中学科知识唯一的载体，而且是权威的载体，教材在教师和学生心目中的作用至关重要。另外，从我国基础教育发展历程来看，无论是教学行为还是学习行为，甚至中高考命题，都极大依赖教材文本内容。显然，在学科教学的过程中，注重教材的阅读是发展学生阅读素养的主要途径。

一、生物学科教材阅读的现状

笔者从事生物学科教学 20 余年，在刚参加工作时，老师们的生物课堂是普遍重视教材阅读的。进入新世纪，多媒体技术和网络信息技术的发展，彻底改变了生物学科的课堂模式。毫无疑问，多媒体和网络技术为课堂教学的方方面面提供了科技性的支撑，比如，3D 动画演示植物叶肉细胞的光合作用，一段视频即可引入生动有趣的真实情境，等等。但同时也产生一些问题，由于教学课件高容量、多媒体展示等特征，生物学课堂逐步变成了多媒体课件一统天下的局面。多媒体教学从初始设定的辅助教学演变成主导教学，教材阅读、板书笔记、情感互动这些课堂中的重要环节在逐步消退。很多年轻教师在生物学课堂上，依然过分依赖多媒体课件，快节奏地不断翻页，高容量的文字和图画信息在很短的时间里一闪而过，甚至课堂评价的习题都是以PPT 呈现的。在这些课堂中，教材犹如不存在，有些学生的教材在期末结束时还是崭新的，未曾有阅读过的痕迹。上述因素是现在学生阅读素养较低的部分原因，也是当前在课堂中重视教材阅读、发展阅读素养的重要突破口。

忽视教材阅读的学习是机械式的、僵化的学习。在高中生物教学中，学生常常出现这种状况：上课能听懂，课后却一做题就错，老师讲评时一点又通了。究其原因主要是：对教师而言，生物课程教学内容知识点多，课堂时间紧，学生看不如老师讲，有些老师认为讲了学生就能掌握，用“题海”练习代替教材阅读；而对学生来说，学生忙于被动听课，接受知识不经过大脑的思考，对知识一知半解，学生自主读题能力弱，找不准题干中的关键词，没有把教材内容读熟读透。①

生物学教材是教师备课、学生获得知识与技能的基本材料，是教师和学生进行“对话”的“媒介”，是课程标准的具体化和再创造。所以，指导学生阅读教材是教学中的一项重要内容，要让学生重视教材的作用。但并不是每位学生都善于阅读，有的学生只会死记硬背，个别学生甚至看不懂教材。因此教师必须科学指导学生进行阅读。

① 于瑞艳：《浅谈生物教学中学生创新能力的培养》,《科学大众》2008 年第 4 期。

二、生物学教材文本的特点

如前面章节所述，生物学文本形式主要属于混合文本，教材内容更是如此。在这里，对2020版课标下的人教版高中生物学教材，从内容方面做简单的归纳分析。

1. 图文并茂

生物学学科内容特点决定了文本中图表较多。呈现生物体结构特征，图像的效果远大于文字叙述。生命活动的原理、生物技术的原理和流程、生命活动中分子水平的机制、遗传现象、细胞分裂过程中的特征和变化规律等，在生物学教材中均以形象、严谨的图像表示，既直观地说明了重点和难点，也蕴藏了较多的文本信息。在部分章节中，对于概念的表述，文本提供科学事实，部分事实证据以表格数据呈现，比如生态系统能量流动调查中的实验数据等。

2. 文本栏目多

教材中的文本栏目较多，传统教材一般包括正文和课后习题两部分。随着生命科学技术的发展，呈现生物学内容的素材增多，而多媒体技术的发展，也催生了更多精致而生动直观的图像。在不断发展的教材中，文本内容的形式在增多，文本内容的栏目同样在增多。教材中所有文本栏目都紧紧围绕本节课的概念知识。栏目的增多，为教学设计提供了更多的选择，为学生自主阅读学习提供了学习目标、学习素材、学习内容和学习评价习题，除此以外，还提供科学史趣味学习、生涯规划材料、科学家访谈等阅读文本。以人教版高中生物学2019年秋季教材选择性必修1《稳态与调节》为例，它有10个栏目，有些栏目底下还有子栏目。

栏目1：教材第1章前安排“科学家访谈”栏目，本模块教材设计的是《探索生命活动调节的奥秘——与许智宏院士一席谈》。

栏目2：每一章均设计有章首页，配了文字图片以说明本单元学习的主题，同时配了一首与本单元情境密切相关的诗词。

栏目3：本节课时教材正文内容，由宋体正文和多幅图像组成，其中正文栏目又包括几个子栏目。子栏目1“问题探讨”，以图文形式提出本节课需要解决的问题；子栏目2“本节聚焦”，以问句的形式明确本节课的重难点；子栏目3“相关信息”，这是对文中正文信息的补充和注释；子栏目4“知识链接”，提示此处内容与其他章节的关联；子栏目5“思考与讨论”，本栏目设计为正文阅读的补充，对于学习当中容易混淆、难懂的问题，以图文形式设计思考与讨论类内容，这是教学设计中应用的关键素材，“思考与讨论”栏目在一节文本中可有多个；子栏目6“学科交叉”，凡是正文中内容关联化学等学科知识，本栏目以图文形式进行注解；子栏目7“探究·实践”，部分章节内容中，关于实验探究活动和课外实践介绍的文本信息，全部在本栏目中呈现，内容包括完整的实验设计过程和问题思考讨论；子栏目8“与社会的联系”，部分章节中，内容与社会实践密切有关，本栏目以短文本形式介绍与社会的联系；子栏目9“思维训练”，对于部分章节中较难的内容，设计思维训练类内容，通过图文素材对本节课的内容进行推理、归因。

栏目4：“练习与应用”，本栏目的内容是本节课时学习后的评价习题，内容形式多样，包括判断题、选择题和非选择大题；考查本节课概念的掌握情况和概念知识的拓展应用。

栏目5：“课外实践”，部分章节内容适合课外实践，本栏目内容提供完整的课外实践方案和问题的探讨。

栏目6：“生物科技进展”，每个单元最后，以当前最新科技进展为内容，提供学生能了解最新生物科技进展的阅读素材。比如“脑机接口让工具真正实现‘随心所欲’”。

栏目7：“与生物学有关的职业”，这是新教材最突出的栏目。结合学生高中选科的生涯规划指导，结合学生在高考后填报志愿的专业选择，本栏目主要介绍与生物学有关的职业，如林业工程师、园艺师等。

栏目8：“生物科学史话”，生命科学是实验学科，学科概念的形成是几百年内科学家通过科学实验逐步奠基起来的。补充生物科学史话，能更好地为教学提供情境资料，让学生在阅读科学史话过程中感受科学实验的真谛和科学实验的艰辛，感受到科学家在实验过程中的科学思维和个人魅力。

栏目9：“本章小结”，本栏目从理解概念和发展素养两方面归纳本单元学习的目标，是对单元知识的归纳和总结。

栏目10：“复习与提高”，每个单元后面针对单元知识体系和素养目标设计了单元测试题。题目设计考虑了两个方面的目的，即对单元概念知识的复习检测和对单元素养目标的检测，因此，本栏目相比于每节后的“练习与应用”，情境复杂性和作答难度都有不小的提升。

3. 聚焦核心素养

上述文本栏目看似独立，实际上是统一的整体，所有文本无论在“教”的角度，还是在“学”的角度，都承载相同的功能，即发展生物学科核心素养：生命观念、科学思维、科学探究和社会责任。“问题探讨”“正文”“思考与讨论”等栏目，是构建重要概念的基础，而重要概念是构建生命观念的基础。“正文”“思维训练”“思考与讨论”“生物科学史话”“探究·实践”等栏目是训练发展科学思维的重要文本栏目。“探究·实践”“课外实践”“生物科学史话”等栏目是发展科学探究素养的文本载体。“生物科学史话”“与生物学有关的职业”“科学·技术·社会”等栏目是发展社会责任核心素养的良好载体。其他栏目虽与核心素养发展没有直接关系，但在教学设计的衔接、学习方式的转变与概念和素养的检测方面有着显著的支撑作用。

4. 可读性强

新版教材不再是生涩的学科概念知识的堆砌，无论是文本内容、文本形式，还是多栏目的组合，可读性都很强。可以说，在没有教师引导的情况下，通过自主阅读学习，学生可以掌握很多章节中的概念知识，思维也能够得到发展。当然，教材的可读性强不是每节课都倡导学生完全自主阅读学习。没有教师对课堂的设计，没有教师创设的情境，没有教师设计的师生互动与生生互动，那么在课堂中发展核心素养就无从谈起。

三、基于教材文本阅读的教学策略

首先要明确的是课堂教学中的教材阅读是教学的一个环节，是必不可少的一个环节，在单元教学背景下或课时教学中均是如此。强调对教材的阅读，并不意味着这节课完全由学生自主阅读学习完成。在组织不同的教材阅读策略时，课堂的核心在学生的“动”，包括学生的心动、脑动，师生间的互动，学生间的互动。在“动”中要实现思维品质的提升，在“动”中要实现核心素养的发展。那么，在这里进一步强调，教材文本阅读是课堂教学的关键环节，但不是全部。根据教学阶段、教学目标和教学内容，本书将基于教材文本阅读的教学设计分为五种形式，分别是问题驱动式阅读、温习归纳式阅读、思维导图预习式阅读、查阅式阅读、系统式阅读。

1. 问题驱动式阅读

在课堂教学中，学生拥有足够的时间保持专注阅读是非常必要的，自主阅读的过程是思维发生的过程，是思维品质提升的过程。课堂阅读具有明显的目的性和计划性，还具有短、平、快的特征。围绕发展核心素养这个中心，课堂教学往往具有多项任务，“短平快”的课堂阅读只是其中关键的一项，阅读品质如何取决于阅读的效率。日常课堂教学中的阅读，问题驱动式的自主阅读是符合课堂教学的整体设计。引领阅读的问题设计，可以由教师根据学情主导，也可以是教材旁栏中的“思考与讨论”，或者每节内容第一栏“问题与探讨”。阅读环节的教学思路可简化整理为设计问题—问题驱动阅读—问题解决及阅读评价的三步范式。

首先，设计问题。以人教版生物学教材选择性必修 3 第 2 章第 1 节“植物细胞工程”为例，问题情境可以引自教材第一个栏目“从社会中来”，这段情境资料最后的问题是“如何让名贵的兰花快速、大量地繁殖，进入寻常百姓家？”，还可以从学生学情出发，从学生有直接切身感受的情境问题引入阅读更能引起学生思考的积极性。比如，天安门广场节假日一次性摆放几十万盆花卉，如何做到短期内批量快速繁殖?

其次，问题驱动阅读。确定好问题后，组织学生自主阅读学习教材内容，阅读中自主思考尝试解答问题。不同的学生阅读能力、学习能力有明显的差异。在本环节中，教师应该仔细观察学生在阅读教材过程中的行为习惯，看学生是否标画关键信息，是否讨论交流，是否向老师求教。教师对这些行为进行归类总结，在后面的阅读评价中予以针对性指导。

最后，问题解决及阅读评价。针对情境中设计的问题，组织学生展示自主阅读和讨论交流的结果，教师对不同学生的学习成果给予积极的表现型评价。对于学生阅读中的思维过程也予以指导，关键是对学生的阅读习惯、阅读方法予以指导。这种指导应贯穿于每一节有自主阅读学习的课堂，长期坚持，教师对不同学生的阅读品质有了充分的了解，后续的课堂阅读教学指导不仅可以做到共性指导，还可以对不同学生做分层指导。

2. 温习归纳式阅读

对于教学内容自主阅读学习难度大的课堂教学，应该考虑将教材文本的阅读放在教师对重难点内容的教学之后，以初步学习完课堂内容后进行温习、归纳。比如，“目的基因的获取”这部分内容的教学，重难点是“DNA 扩增技术——PCR 扩增”，从内容分析，PCR 扩增是体外 DNA 复制技术，技术原理、技术过程和技术应用的难度都很大，设计自主阅读学习无法完成教学目标。在教学中，根据学情，充分利用多媒体信息技术优势攻克重难点知识的教学。在多媒体展示结合教师讲解后，学生对于重难点内容有了一定程度的掌握。在此基础上，不急于练习巩固和检测。设计对教材重难点内容进行温习归纳式阅读，使学生对重难点知识有自主思考消化吸收的过程。这种设计符合学习金字塔理论，也符合布鲁姆学习目标认知理论，有利于实现知识和能力的进阶发展。笔者在教学实践中发现，高中生物学部分章节内容学习难度较大，学生对于教师讲授后再阅读温习的学习形式十分认同。从学习原理和心理学原理分析，在高强度的重难点突破学习后，学生的心理和脑部负荷都比较大，机体对此进行负反馈式的自我调节，从而使学习变得轻松愉快。笔者认为，对学生而言，这安静的几分钟温习归纳式阅读是宝贵的、享受的。犹如我们日常在用餐后需要安静和轻微的正常运动，以保证消化系统高效工作。高负荷地听讲后，如果继续进行学习检测，学生的学习心态、脑部活动兴奋程度都会发生负面变化，如大脑疲劳、兴趣减低、身心疲惫等。

3. 思维导图预习式阅读

预习式阅读是提高学生自主学习能力的重要手段。预习是课堂学习前自主学习课堂内容的方式，可由教师布置预习任务，也可由学生自主预习。预习是对将要学习的内容做一遍提纲式或者问题式的学习，预习是计划性学习，具有主动性、任务性。预习是铺垫性学习，是一种粗浅的学习过程。预习重在强调过程，即学生根据自己的情况完成预习这个过程或任务即可，没有硬性要求一定要达到哪个水平或者哪个层次。教师在教学中应该倡导预习式阅读学习，培养学生的预习习惯和预习能力。预习虽然重在强调过程，但也应该有一个显性的成果形成。高中阶段学生的学习能力和思维能力都有了一定的水平，通过预习完成相应的内容的思维导图就是一种常见的非常有效的成果形式。

思维导图的建构需要学生阅读教材内容，找出学习的中心，对教材内容认真阅读并获取其中的逻辑结构，还需要理解整个内容的知识体系。显然，学生只有真正主动学习后才能够完成思维导图。将设计思维导图和课前预习相结合，正是将两者的目的和优点有机地整合起来。

课前预习改变了学情，提高了学生对将要学习内容的认知水平。预习使学生对即将学习的内容有了初步的认识。在预习过程中，学生的前认知在发生变化，在这个变化过程中又会产生更多更新的问题，这是思维走向高阶、综合的过程。

在一些内容简单的课时教学中，可以采取预习阅读完成思维导图，然后在课堂学习时分组汇报，教师加以归纳整理即可。对于简单内容，学生通过自主阅读预习基本完成了对概念的学习。对于理解难度较大的章节内容，预习改变了学生的前认知，从而产生了新的学情。有了思维导图为目标的预习阅读，在一定程度上降低了课堂学习时的难度。当然，有无预习对教师组织教学是有不同要求的。通过思维导图式的预习阅读，教师可以在预习基础上组织课堂讨论，可以在课堂中设计高阶思维问题。预习降低了学习难度，也缩短了课堂学习的总时长，教师根据教学环节还可以设计课堂检测。

首先，根据课时学习内容设计相应的预习任务。在生物学科的学习中，对于内容较为简单的课时，预习任务以完成内容思维导图为主。如果内容理解难度较大，以问题思维导图为主，即这张思维导图不是展示内容的框架逻辑，而是展示预习阅读后遇到了哪些自己不能理解的问题。比如，“酶”这节内容可读性强，理解难度不大，可以布置思维导图预习作业；“染色体变异”这节内容概念多且不好理解，许多概念易混淆，那么本节预习作业的思维导图应以问题展现，不同的问题可按一定的结构设计为思维导图。不同的预习要求有利于教与学的良好互动。

其次，预习成果的应用。对于像“酶”这样较简单的课时预习成果，在课堂教学中以分组的形式进行汇报，教师组织引导生生互动评价和师生互动学习。对于像“染色体变异”这样理解难度较大的课时教学，预习成果思维导图的主要任务就是呈现问题。教师根据这些问题可以组织问题驱动式讲授，也可以根据内容进行情境教学，学习完再让学生补充完善思维导图，这相当于预习后的思维导图式课堂学习中的评价检测作业。

思维导图式预习阅读不仅能使学生自主阅读学习，还能使学生完成阅读信息的加工，将文字信息以图像信息整理，或者将文字信息中的问题以导图方式展示出来。这个过程中的文图信息转换、被动与主动的转换，都有助于提升学生的学习能力。在教学中，应积极推进思维导图式预习阅读，发展学生自主学习的能力，发展学生阅读中信息转换加工的能力，使学生养成良好的预习阅读习惯。

4. 查阅式阅读

何为“查阅式阅读”？在教学中需要就核心概念或者关键术语进行复习或查证时，就会用到查阅式阅读。查阅，意味着概念知识已经学习过，因此，查阅式阅读一般发生在单元教学结束后的复习阶段、期中期末前的重点概念复习阶段以及高三复习学习的全过程中。

例如，在“生态系统及其稳定性”单元的教学结束后，可以就核心的几个概念组织学生进行查阅式阅读，阅读后完成总结或者绘制思维导图。这些概念有“生态系统的组成成分”“营养结构”“食物链”“碳循环”“能量流动模型”“自我调节能力”“生态平衡”等。

再如，高三复习阶段，定期组织查阅式阅读课，进行核心概念的深度复习。这些概念有“蛋白质结构与功能的多样性”“植物体内有机物的合成、转移和分解”“基因选择性表达”“可遗传变异”“特异性免疫”“PCR 扩增”等。

从以上实例和分析来看，查阅式阅读更加倾向于深度学习，就核心问题进行巩固式、攻关式的自主阅读学习。查阅学习后对疑难问题或是完全解决，对问题的认识更进一个层次；或是问题依然存在，但是问题更加清晰透彻，总是能驱动不断的求知探索，最终可以通过讨论交流或请教老师找到答案。

5. 系统式阅读

高中生物学所有知识是一个系统，系统式阅读只能发生在高中生物学所有模块均学习完后，在高考前进行查漏补缺、回归教材期间组织实施。什么是系统式阅读？简单地说，就是对教材文本一字不漏地进行阅读。当然，一字不漏指的是重新阅读、思考每一个栏目，而不是机械地逐字逐句阅读就完事了。系统式阅读依然是主动式阅读，阅读的目的在于全面重温知识体系，对已建构的知识体系进行查缺补漏，在系统式阅读过程中，加强核心，注意边角，带着思考、带着问题进行阅读学习。系统式阅读还会给考生以信心，能稳定学生在考前紧张的学习心理。系统式阅读能让学生感受到自己掌握了这个学科所有的知识，没有遗漏；系统式阅读是没有时间限制，没有阅读任务，没有紧迫感的阅读过程，让学生在慢、静、稳的节奏中，重温学科知识体系，享受学习收获后的喜悦感。

在考前查漏补缺阶段进行系统式阅读，可以是学生自主计划进行，也可以由教师给出阅读参考计划进行。比如，教师根据考情分析，根据往年考题的高频考点和整个高中生物学课程的核心主干知识，列出课标中的重要概念条目，按顺序或按专题让学生进行系统式阅读。这里教师给出的概念条目只是指导的索引，学生在阅读时需以教材所有栏目内容为对象进行扫描式阅读。

当然，系统式阅读也需要阅读技巧，有阅读的侧重点，对于教材中“旁栏注解”“问题探讨”“科学・技术・社会”“与生物学有关的职业”等栏目可以一带而过，做浏览式的阅读。那么，系统式阅读重点读什么呢？首先是教材正文，重点关注概念的原理、正文中的举例等。

其次是“思考与讨论”“探究·实践”等栏目，重新思考这些栏目中的问题，测验自己是否可以准确理解作答；通过思考这些栏目中的问题，再结合本节课的核心知识对概念查漏补缺。最后，系统式阅读在考前的重要任务是对每一道习题的阅读和练习。无论是每一节后的习题，还是单元章节后的练习检测，都应一一浏览，认真作答。习题中的每一类题都需认真对待，概念判断题能起到查漏补缺作用；应用检测和拓展练习中的习题，能检测自己的知识是否复习到位。教材中的大题，尤其是拓展应用题难度接近高考试题中的大题，题目新颖、情境性强，作为教材中的习题，科学性和权威性均很强。通过对新高考两年的考题分析，笔者发现高考题的情境、试题设计等要素与教材课后练习题有密切的关系。

第二节

指向科技文本阅读训练的教学策略

本书第二章第三节“北京高考生物学阅读素养测评分析”，提出北京高考生物卷自2020年起开始命制科技文本阅读题。这里所说的科技文本与高考试题中的科技文本是一致的，是指以生物学原理、前沿发展成果等知识为核心，字数为700字左右的连续文本或非典型的非连续文本。科技文本由命题者根据某个主题，从最新生命科学学术期刊上下载相关文章，然后进行加工和改编，最终形成适合高中生阅读的科技文本。严格地说，这里所说的科技文本应该还包括4 ～ 5个考查问题。

从当前高中生物学评价测试分析，科技文本是对生物学阅读素养的直接考查形式，因此，指向科技文本的阅读训练是发展学生生物学文本阅读素养的最直接方式，兼顾了发展训练和测评反思。分析近两年北京市各城区高三生物学模拟题科技文本阅读题发现，不同的文本在文本形式、阅读难易度、学科方向和问题的考查设计方面均存在多元化的情况。因此，简短的700字文本加四五个考查问题，在教学训练中所运用的阅读训练策略不尽相同。

一、科技文本阅读的现状

从日常教学现状来看，科技文本的阅读训练在课堂教学中几乎不存在。在高一、高二生物学课堂中，对于考题中必考的科技文本阅读训练一般只在期中、期末考试前有针对性地训练。在高三教学的第一轮复习教学中，每个单元的复习教学都有科技文本阅读题的训练；在第二轮复习中，则一般安排较多课时的科技文本阅读题的专项训练。相比于平时利用教材发展阅读素养的教学，科技文本阅读的训练时间较少，但科技文本阅读是高考的题型之一。对科技文本阅读题的教学设计是必不可少的，根据内容不同、学段不同及授课时间的差异，应该研究设计不同的教学策略。

二、科技文本的特点

不同于教材多栏目的混合文本，科技文本主题鲜明，一般冠以某个主题的题目，内容围绕题目展开，如《光合产物如何进入叶脉中的筛管》《水平基因转移》《抗氰呼吸》等。科技文本的文本紧凑，属于非典型的非连续文本。将高考题中的科技文本定为非典型的非连续文本有这样的考量：第一，科技文本通常会有图像——机制图、结构图和生理图等，图像属于典型的非连续文本；第二，科技文本的文字部分并不像小说、散文等连续文本，篇幅短，而且围绕一个生物学概念核心，各段落或相互独立，或有着一定的逻辑关系。生物学高考题中的科技文本并不像教材一样图文并茂、栏目众多，组成混合文本；没有图像的科技文本又不同于连续文本，有图像的科技文本中文字信息分量重，图像信息分量轻，从这一点分析，它与混合文本也有差异。因此，在本书中，笔者暂且将考题中的科技文本定为非典型的非连续文本，这也与当前生物学教师、市区教研员老师的看法是一致的。科技文本字数通常为 700 字左右，设计有 4 ～ 5 个考查小题，其中前面小题考查教材基本概念，从科技文本中直接获取信息作答，属于理解应用水平考查；后面两个小题通常考查获取信息后加工，再与已学习过的生物学概念整合，最后解答相关问题，属于思辨、论证高阶能力考查，并且作答需要长文字表达，答案具有一定的开放性。

三、科技文本阅读教学策略

科技文本阅读的教学策略取决于教学目标，在日常教学中，单元复习教学时可从概念知识复习和阅读能力训练两方面进行阅读训练。例如高一阶段学习必修 1《分子与细胞》第 5 章“细胞的能量供应和利用”，整个单元教学完成时，可以选择与“酶”“ATP”“光合作用”“呼吸作用”等核心概念有关的科技文本进行阅读训练。2020 年北京高考生物卷科技文本阅读题就可以选用，文本题目是《创建 D1 合成新途径，提高植物光合效率》；2021 年北京高考生物卷科技文本阅读题同样适用，文本题目是《光合产物如何进入叶脉中的筛管》。教学中，笔者曾就该单元自主命制了一篇科技文本，题目是《抗氰呼吸》。应用以上科技文本做新授课单元教学复习，一方面能通过文本内容对“能量代谢”专题内容进行拓展和补充，进行概念的外延拓展，考查知识的迁移应用水平；另一方面，训练和发展学生对科技文本的认识和阅读题的作答技巧。如果教学目标是高三科技文本阅读题专项训练，那么教学策略的设计主要围绕提高阅读技巧和方法。教师可以根据学情，根据科技文本不同的内容形式进行分类训练，统一归纳阅读和解题技巧。例如，可以专项训练无图类科技文本、有图类科技文本；按内容可以分成训练生态类科技文本、生理类科技文本、生命科学发展前沿类科技文本。

1. 单元复习阶段的科技文本阅读教学策略

单元复习中的科技文本阅读训练，教学和学习目标都是双重的。一方面，阅读训练的科技文本内容与单元知识密切相关，阅读训练的目的也在于能达到单元概念复习。比如，2020年和2021年高考科技文本阅读题内容均与光合作用有关，那么这两篇文本就可以放在“细胞中的能量供应和利用”部分的复习中训练。科技文本《水平基因转移》可以在必修2模块《遗传与进化》期末复习前进行训练。另一方面，阅读训练的目标是发展和提升学生的阅读能力，高一和高二学生的阅读能力正在发展和稳固当中，训练时科技文本的难易度要根据不同学段进行针对性设计，尤其是注意问题考查的难易度。文本训练时，教师的引领、指导和讲解的思路设计也应该与学生的实际学情相符合，切不可高一训练科技文本阅读题，教师却按高三的训练要求和目标进行教学设计。下面以两个实例进行说明。

例1：

达农病患者的新希望——基因治疗

达农病是一种极其罕见的伴X显性遗传病，1981年国际上首次报道该病，2012年我国发现首个病例。达农病是由于溶酶体相关膜蛋白2（LAMP2）的基因突变，使细胞中负责清除与回收蛋白质的系统丧失功能，进一步导致心脏、骨骼肌、神经系统等功能障碍，最终心力衰竭而死亡。

达农病至今尚无有效治疗方法，国外有报道通过心脏移植维持生命的治疗手段。2020年3月发表于 *Science Translational Medicine* 杂志上的一项新研究中，加利福尼亚大学的研究人员尝试用基因疗法治疗达农病。

基因治疗利用腺相关病毒（DNA病毒）作为基因载体。重组腺相关病毒载体源于非致病的野生型腺相关病毒，具有安全性好、宿主细胞范围广和在体内表达时间长等特点。

基因治疗通过腺相关病毒将治疗性基因输送到特定的组织和器官中，这些治疗性基因在相应的非分裂细胞中以游离体形式稳定存在并表达，从而有效治疗单基因遗传病。携带人 LAMP2 基因的重组腺相关病毒在达农病模型小鼠的心脏、肝脏和骨骼肌组织均表现出人类 LAMP2 蛋白表达，改善代谢异常和心脏功能，并提高存活率，在接受基因治疗的小鼠中未检测到抗 LAMP2 抗体。

该研究团队已开始进行针对达农病的人类临床试验，这也是首次使用基因疗法来治疗遗传性心脏疾病的试验，这项研究对于达农病患者而言是重要的一项进步。

（1）达农病属于显性遗传病，但群体发病率极低，请解释可能的原因：________。

（2）自噬小体是包裹了蛋白或细胞器的囊泡，该囊泡与溶酶体融合依赖于生物膜的________性。

（3）请结合上述的报道，谈一谈基因疗法可能成为治疗达农病方法的原因：________。

（4）请结合已有知识，评价基因治疗与心脏移植相比的优势及可能的风险：________。

（选自《北京市朝阳区 2019—2020 年度高三年级学业水平等级考试练习二》第 19 题）

上述文本从内容分析，与基因表达、基因工程等内容密切相关，如果放在单元复习中，即可安排在必修 2 模块后期末复习中训练，也可安排在选修 3“基因工程”单元后。在四个考查小题中，（1）（2）（4）均考查与教材内容相关的知识，本题文本知识提供了新情境“达农病”。

在单元复习训练中，依据问题考查范围，可对本单元的相关知识做微专题复习，如第（1）小题考查显性、隐性遗传病发病率的比较，这对应遗传性状显隐性特征和遗传病特征的知识。第（2）小题考查的是生物膜系统的流动性，对应必修1“流动镶嵌模型”的基础知识，在这里当作综合温习。第（4）小题考查的是生物技术、生物工程带来的安全性和伦理问题，与选修3生物技术的安全性与伦理问题直接相关，结合文本提到的基因治疗进行综合回答。对第（3）小题的训练，学生需从文本中获取信息并整合进行作答。

文本内容的主旨和考查小题与教材概念知识联系直接、紧密，可选择将文本安排在单元复习或者期中期末复习阶段的训练中。这样的设计目的明确，材料合适，能够达到概念复习效果和提升阅读能力。

例2：

细胞是如何应对缺氧的

2019年度的诺贝尔生理学或医学奖授予了威廉·凯林、彼得·拉特克利夫以及格雷格·萨门扎三位科学家，他们阐明了人类和大多数动物细胞在分子水平上感受、适应不同氧气环境的基本原理，揭示了其中重要的信号机制。

人体缺氧时，会有超过300种基因被激活，或者加快红细胞生成，或者促进血管增生，从而加快氧气输送——这就是细胞的缺氧保护机制。那么是什么在激活、调控这300多种基因呢？科学家在研究地中海贫血症的过程中无意间发现了“缺氧诱导因子”（HIF）。HIF由两种不同的DNA结合蛋白（HIF-1α和ARNT）组成，其中对氧气敏感的部分是HIF-1α；而蛋白ARNT稳定表达且不受氧调节。所以，HIF-1α是机体感受氧气含量变化的关键。

当细胞处于正常氧条件时，HIF-1α会被降解。进一步的研究表明，在脯氨酰羟化酶的参与下，氧原子与 HIF-1α 脯氨酸中的氢原子结合形成羟基。羟基化的 HIF-1α 能与 VHL 蛋白结合，最终被蛋白酶体降解。在缺氧的情况下，HIF-1α 羟基化不能发生，导致 HIF-1α 无法被 VHL 蛋白识别，从而不被降解而在细胞内积聚，并进入细胞核与 ARNT 形成转录因子，激活缺氧调控基因。这一基因能进一步激活 300 多种基因的表达，促进氧气的供给与传输。

HIF 控制着人体和大多数动物细胞对氧气变化的复杂又精确的反应，三位科学家一步步揭示了生物氧气感知通路。这不仅在基础科学上有其价值，还有望为某些疾病的治疗带来创新性的疗法。比如干扰 HIF-1α 的降解能促进红细胞的生成来治疗贫血，同时还可能促进新血管生成，治疗循环不良等。

（1）下列生命活动中，会受氧气含量的影响的是________。（多选）

A. 细胞吸水

B. 蛋白质合成

C. 细胞分裂

D. 兴奋的传导

（2）请根据文章内容，将下图氧气感知机制的分子通路补充完整，并写出 A–D 代表的物质。

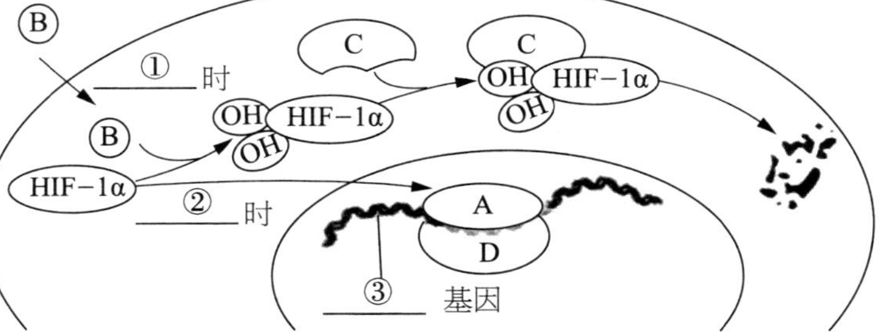

（3）VHL蛋白是氧气感知机制的分子通路中一个重要分子，VHL基因突变的患者常伴有多发性肿瘤，并发现肿瘤内有异常增生的血管。推测与正常人相比，患者体内HIF-1α的含量________。要抑制此类患者的肿瘤生长，可以采取的治疗思路有哪些？

（选自《石景山区2019—2020学年第一学期高三期末生物试卷》第19题）

按内容分析，内容与必修1《分子与细胞》第5章“能量的供应和利用”密切相关，按理可安排在高一必修1期末复习阶段训练。

本题的3个考查问题难度都不小，其中第（1）小题考查学生细胞呼吸的功能和意义，考查学生对细胞内重要生理的能量需求分析。属于理解应用水平考查，考查方式采取多项选择题形式。第（2）小题考查对文字信息的获取、加工，同时以细胞呼吸的概念为基础，以平时训练的机制图阅读能力为基础。本小题难度较大，需实现文字信息与图像信息的转换与整合，具有创新能力的考查。第（3）小题考查难度更大，在文本阅读理解的基础上，将新情境信息应用于问题中，进行新问题的推理，同时对患者治疗提出思路，考查上升到设计、论证的高阶能力水平。

显然，上述科技文本的阅读训练如果放在单元复习中，材料的利用未必充分，后面两个小题对单元复习来说，难度明显偏大。因此，此文本的阅读训练适宜在高三专项训练阶段进行，以发展阅读能力和学科核心素养为主要目标，这是很好的文本训练素材。

2. 高考复习阶段科技文本阅读专项训练教学策略

高考前需要就不同题型做分类的专项训练。在集中的时间里，采取逐步叠加和进阶的训练模式，从核心概念、主干知识的巩固和应用，到能力的发展，再到知识的迁移应用。科技文本阅读题是新题型，学生适应和作答的时间有限，作答技巧和方法、阅读技巧和方法都存在严重不娴熟的问题。从近两年教师教学和学生作答情况调查分析，科技文本阅读题特点鲜明，需要掌握针对性的阅读和作答技巧。问题考查既有较简单的概念知识考查、简单获取文本信息作答的考查，又有较难的思辨和论证的考查，文本中往往含有或隐藏关键的信息。科技文本阅读的作答具备短期突击训练就能提升作答正确率的特征。因此，在高三紧张的复习时间里，以科技文本阅读题专项训练作为新题型专项训练是非常必要的。

科技文本在考前如何进行专项训练呢？是针对科技文本集中训练做题，还是根据文本形式和文本内容进行分类训练呢？无论采取哪种方式，集中做题训练对强化阅读能力和提升作答正确率都有明显的促进作用。究竟选择哪一种方式？笔者认为，这取决于学情。在概念知识理解充分、阅读能力较强的情况下，可选择集中做题训练，巩固阅读技巧和解答技巧。如果学生概念知识掌握较差，阅读技巧、作答技巧相对生疏，那么，对于学生来讲，科技文本阅读题十多分的分值还是值得深挖获得的。在笔者看来，阅读题的得分率在六道大题中，处于相对较高的水平，而且并不需要掌握复杂的学科难点。因此，即便花费更多的复习时间，依然有理由把科技文本阅读题训练做得更精更细。这就需要在专项训练时，根据文本内容、文本形式、问答题目进行分类专项训练。

比较近两年高考题和城区模拟题中的科技文本阅读题，文本内容的知识建立在中学生物学知识体系的基础上，但是更多地突出文本内容的新颖性和前沿性，相较于教材文本，科技文本的知识难度和阅读难度是偏大的。这些科技文本的内容分类与生物学科的学科知识分类基本是一致的，包括分子生物学、细胞生物学、植物生理学、动物生理学、遗传学、进化生物学、免疫学、生态学、微生物学、现代生物科技生命健康科普等。每个模块的文本内容有一定的相通性，在阅读理解、阅读技巧的探索方面存在着共性。

以下是已命制设计的部分科技文本的题目，训练时可以根据题目按模块进行专项训练。分子生物学方面的有《p53 蛋白——细胞的守护神或刽子手》《分泌蛋白的经典与非经典分泌途径》《MOTS-c——新型“激素”》；细胞生物学方面的有《细胞能量代谢与癌症》《线粒体与肿瘤的发生发展》；植物生理学方面的有《叶绿体与细胞核双定位 Y 蛋白对于番茄抗低温的机制分析》《线粒体蛋白 AOX 和 UCP 在植物开花生热中的功能》《创建 D1 合成新途径，提高植物光合效率》；动物生理学方面的有《减肥与健康》《疼痛的反应机制》《动物低氧应激机制》；遗传学方面的有《生命的一种容错机制——遗传补偿效应》《达农病患者的新希望——基因治疗》；微生物学方面的有《抗菌肽的来源及其作用机理》《微藻生物能源》；进化学方面的有《在果蝇体内重现帝王蝶毒素抗性的演化路径》；生态学方面的有《梯级式人工湿地——生态塘系统实现尾水深度处理》《增绿促流复活河水——治理凉水河》；免疫学方面的有《抗体多样性产生的原因》《肿瘤的免疫治疗》《抗癌新方法嵌合抗原受体 T 细胞疗法》；科普生物学方面的有《如何检测新型冠状病毒特异性抗体？》《理性看待间歇性断食》《探索慢性压力影响毛发生长的机制》。以上是对部分高考题和高三模拟题中科技文本阅读题目的摘录，科技文本的素材内容主要聚焦于细胞生物学、生理学、遗传学、生态学、免疫学和科普方面。

集中训练时可按照教材模块和章节顺序进行进阶训练，也可以根据文本阅读题目考查形式进行分类训练。这里所指的考查形式主要针对后两个考查问题，一般考查水平处于思辨和创新层面。在不同内容的文本中重复训练思辨和创新的能力要素，分别是论证、评价、假设和设计。举例说明如下：

（1）若从物质和能量的角度分析，选用高温响应的启动子驱动psbA基因表达的优点是：________。

（2）请结合已有知识，评价基因治疗与心脏移植相比的优势及可能的风险。

（3）综合文章信息，请写出当植物某部位叶片被捕食受损后，抵御信号在损伤叶片产生并传递到远端未损伤叶片，最终引起激素释放的途径。

以上三个考查问题，（1）和（3）均属于思辨能力层级的“论证”要素，（2）属于思辨能力层级的“评价”要素考查。通过集中训练，发现阅读和作答中的问题，经过老师的指导，学生对科技文本阅读题中论证能力要素的解答能力得以提升。

（4）科研人员欲利用现有能分解不同有机污染物的各菌种和基因工程技术，培育出一种能同时高效降解多种有机污染物的超级菌，用以提高AnMBR处理废水的能力。请简述培育思路。

（5）恶性肿瘤的转移往往是肿瘤治疗失败的主要原因，科学家推测肿瘤的转移与迁移小体的产生有关。根据上文中的研究成果，请你提出一种可能抑制肿瘤转移的治疗思路。

（6）根据文意，设计实验进一步证明DP细胞通过分泌GAS6蛋白调节HFSC产生毛发的状态。简要说明设计思路。

以上三个考查问题，均属于创新能力层级的“设计”能力要素，具有创新性，属于高阶思维能力。在集中训练中，学生汇报作答的情况同样会暴露问题。教师可根据学情进行引领和指导，通过一定程度的重复训练，能提升学生对科技文本阅读题的创新能力。

另外，还可以对不同文本形式的文本阅读题进行分类训练。纵观近两年的科技文本阅读题，有图的科技文本略多于无图的科技文本，虽然根据有无图像无法将科技文本分为两类，但是有无图像对阅读技巧和阅读方法的要求是有差异的。两种形式的文本都属于非连续文本。有图像的非连续文本信息量大，信息复杂，阅读和作答时需要整合文字和图像中的信息。当然，教学中是否要将两种形式文本分开训练，完全取决于学情。从形式上看，科技文本存在两种形式，两种形式的文本阅读的方法和技巧存在差异。

无论采取内容分类训练还是文本形式分类训练，在教学中应用的策略是相通的。发展阅读素养的教学设计在单元复习训练和高考专项训练中的目标不同：单元复习时的科技文本阅读，教学设计主要是为了发展阅读能力，兼顾单元概念复习；高考前专项训练时的科技文本阅读，教学设计主要是为了熟练、准确地解答文本阅读题。

在具体教学中，单元复习时科技文本阅读教学策略设计为“关联单元概念知识—阅读作答暴露问题—指导作答—文本重构—提炼训练和作答方法—迁移应用”的阅读范式和作答方法。

第一个环节，通过阅读文本题目和浏览文章大意，确定文本主题和中心意思，确定主题关联的单元知识，对关联单元知识进行查阅式复习，或用关联的单元知识整理成思维导图。比如，文本题目是《“绿色塑料”——“白色污染”的终结者》，文本内容大意是“通过选育耐高盐的产 PHA- 聚羟基脂肪酸酯的菌种，通过用海水发酵产生 PHA，替代一般的的白色塑料”。根据这个信息，引导学生整理以下内容：“耐盐菌代谢类型和细胞结构特点”“微生物的选择筛选”。

第二个环节，暴露学生答题过程中的问题，包括阅读技巧的问题和作答技巧的问题。高考题中的阅读是基于问题作答的阅读，带有问题驱动和任务驱动的特性，具有时间短、任务急的要求，或者可以理解为快速任务阅读。这对阅读的速度、阅读过程中的信息获取方式和信息加工处理都有较高的要求。学生在快速阅读过程中会暴露出阅读策略不当、关键信息不做圈画、边阅读边作答等问题。

第三个环节，暴露问题但不做直接指引和降解，先进入问题解答订正和讲解环节，由学生回答相关问题，其他同学做评价和补充。通过学生之间的交流，很多作答错误或者时间不够的问题暴露出来，每个同学对自己阅读当中的问题有自觉的反思和纠正。然后就每道题的作答方法进行指导，就作答过程中学生阅读存在的典型问题做针对性指导，还需要从宏观阅读的策略上给予指导。快速任务测评型阅读一般的策略是“阅读考查问题—快速泛读文本—带着问题精读文本—书面表达后阅读书写答案自查”。

第四个环节，进行文本信息图示重构，这一步是长期训练文本阅读的关键方法。具体指在文本阅读训练时，布置将文本中信息转化为思维导图或概念图的任务。快速精准提取信息并高效加工，这对学生来说难度是不小的，但对于快速阅读文本是必要的。文本信息图示重构是阅读思维发展的过程，是养成良好阅读习惯和阅读思维习惯的重要途径。文本信息图示重构可以坚持训练。在学生尝试进行文本重构时，教师要给予积极的鼓励、支持和指导。当然，高考中快速阅读未必有文本重构的时间，但在平时的训练中，文本重构是关键的训练方式。将文本信息重构为概念图，更能体现学生阅读中思维加工的水平。文本重构图如图 2 所示：

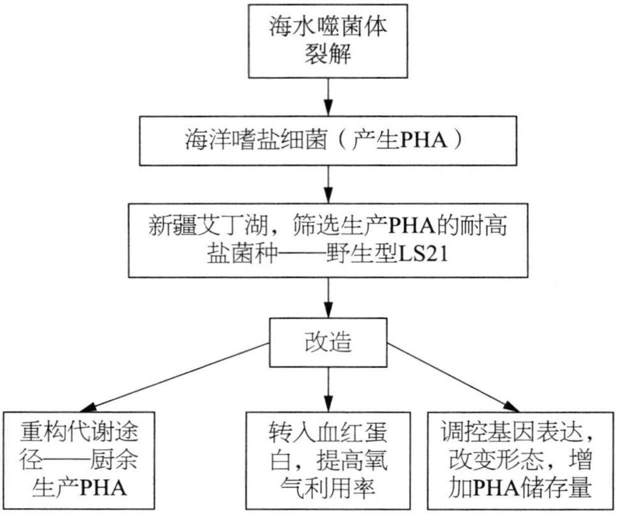

图 2

第五个环节，提炼科技文本快速阅读的方法。问题驱动泛读—精读文本作答—精读问题和作答检查。针对此前讲解考查问题时暴露的问题，从宏观上对阅读的策略、方法和技巧，以及作答的策略、方法和技巧进行总结整理。此环节中，可以先让学生汇报自己的阅读过程和方法，再汇总不同学生的方法和技巧，提炼正确的优化的方法、技巧。在这种相互试错交流中，学生对正确的方法认识得更加清楚，对自己错误的做法进行深刻认识和纠正。

第六个环节，阅读技巧和方法的迁移应用。以一道内容相近、形式相近和难度相近的科技文本阅读题，做快速阅读强化训练。作答过程中要求对文本关键信息做明显标记，精读时对文本信息进行概念图重构。此环节中，重在关注学生在阅读和作答过程中的表现，对重复出现的问题做进一步纠正和指导，对重构的概念图进行比对讲解，对快速阅读的答案做精细分析，着重从阅读过程、阅读的技巧和方法寻找问题。

当然，上述策略的各环节只是在快速阅读科技文本训练的初期反复训练，以提高快速阅读科技文本的能力。待方法技巧训练成熟时，对快速阅读科技文本只要求问题驱动泛读和精读作答，而文本信息的概念图重构已内化于阅读思维和阅读过程。

在具体教学实践中，高考前科技文本阅读专项训练的教学策略相比单元复习时的阅读教学策略要相对简单。因为，目标已不再是训练技巧和方法，而是转变为如何快速、准确地阅读文本，准确作答考查问题。这更像是一种应试阅读策略，应对高考进行阅读训练——其实，高考也是对阅读素养的一种测评。策略可简化为“限时快速文本阅读—问题解析—凝练方法—迁移应用”。在这个策略中，概念知识搜索加工、文本信息图示重构已内化于隐性的阅读思维过程，策略的重点是文本阅读题整体的阅读与解答方法是否正确熟练，聚焦于文本阅读与解答方法，即“泛读浏览大意—带着问题精读文本—对书写的答案进行检查”。

第三节

基于典型非连续文本阅读训练的教学策略

生物学文本主要是混合文本，文本中常常含有各种图像，有模式图、真实显微结构图、原理和机制示意图等。图像的数量可能是一个，也可能是呈现生理过程的一系列示意图。如果是实验报告类文本，文本中一般含有多种类型的实验结果图表，形式有数据表格、坐标曲线图、坐标柱状图等。曲线图和柱状图又分为单因素数据图和多因素数据图。这些图像和数据结果图属于典型的非连续文本，而典型的非连续文本的阅读有特定的方法和规律。

一、典型非连续文本阅读的现状

非连续文本主要出现在评价习题中。非连续文本是 PISA 测试题中主要的文本形式。非连续文本在我国高考各科目试题中普遍存在。生物学考试题中加强对非连续文本的应用和考查有三个时间节点。2014 年教育部出台文件《关于全面深化课程改革落实立德树人根本任务的意见》，这标志着新课程改革进入核心素养时代，正是基于全社会中学生、大学生等群体阅读素养较低的现状，在核心素养开启的教育教学中加大了对阅读素养的考查。生物学学科考试试题在加大文本阅读量的基础上，同时增加了试题中的非连续文本数量和难度。2016 年教育部发布《中国学生发展核心素养总体框架》，在中国基础教育正式迈进核心素养时代后，高考试题对阅读素养的考查进一步加大力度，生物学高考试题在命制设计时进一步加大了文本阅读量，巩固和加强了非连续文本的阅读考查。除了部分选择题配以非连续文本，几乎每道大题也设计有复杂的表格数据、坐标曲线图等非连续文本。生物学文本阅读素养考查不断加强，同时受 PISA 测试的影响，北京进行科技文本阅读题命制和评价实践，在此基础上，北京高考生物卷在 2020 年开始命制科技文本阅读题。

实际上，在中学理科一线教学中，会发现有些学生看不懂生理机制图，看不懂坐标曲线图，看不懂坐标柱状图。这表明，当前中学生对图像、表格等非连续文本的阅读存在比较严重的问题。原因有两点：首先，图像和表格等非连续文本信息含量大，所含信息存在着一定的逻辑关系，读懂图不仅需要学科知识，还需要有一定的思维能力。其次，试题中的图像、坐标图多来自科学实验的实验结果。学生如果对实验背景知识、实验原理、实验设计、实验分析等要素认识欠缺，就很难对这类非连续文本进行文本理解、信息获取加工、信息的解释、信息的迁移应用。

二、典型非连续文本的特点

为什么非连续文本的阅读对中学生来说比较难？这是由文本的内容形式与内容特点决定的。

1. 文本形式多样

这里所述的非连续文本均是图，但图在生物学科文本中有多种形式，如细胞的显微真图、细胞亚显微结构示意图、细胞分裂示意图。这些结构类图像信息直观，学生阅读、理解起来相对容易。表格数据、坐标曲线图、坐标柱状图所含的信息复杂，获取和加工信息有较大的难度。下面以 2021 年北京高考生物卷选择题中的图像举例说明。

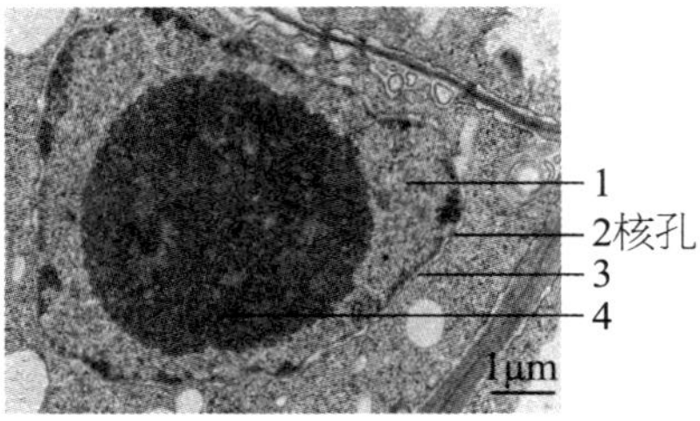

图 3　马铃薯细胞局部的电镜照片

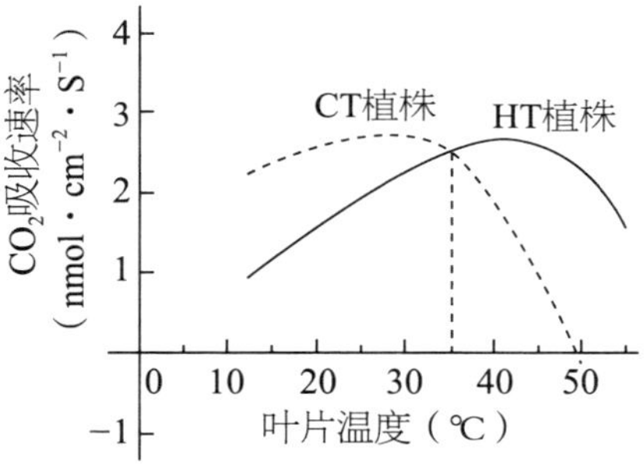

图 4　不同植株在不同温度下的光合速率

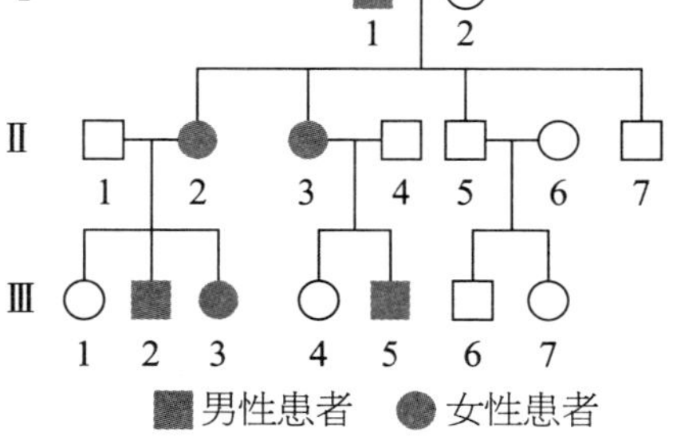

图 5　某遗传病的家系图

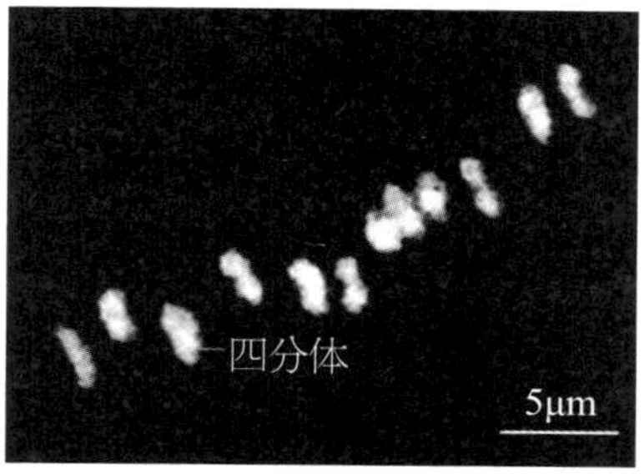

图 6　二倍体水稻花粉母细胞减数分裂

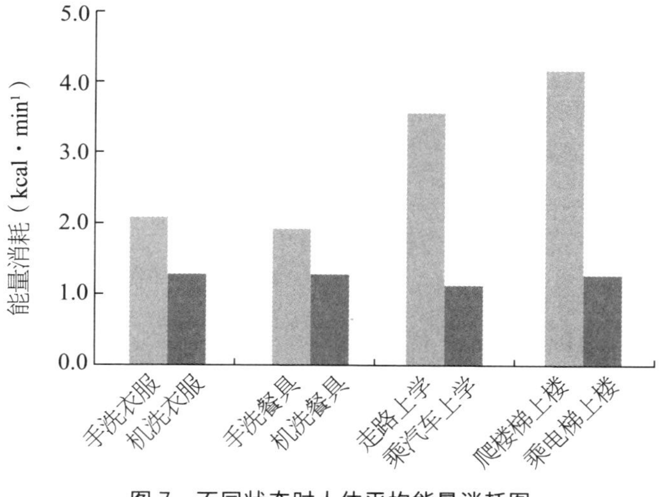

图 7　不同状态时人体平均能量消耗图

表 6　受孕 7 天的大鼠海洛因实验数据表

检测项目	对照组	连续 9 天给予海洛因		
		低剂量组	中剂量组	高剂量组
活胚胎数 / 胚胎总数（%）	100	76	65	55
脑畸形胚胎数 / 活胚胎数（%）	0	33	55	79
脑中促凋亡蛋白 Bax 含量（$\mu g \cdot L^{-1}$）	6.7	7.5	10.0	12.5

从以上6个图表来看，15道选择题就配以6个不同类型的图或表，这说明在生物学文本中非连续文本的作用非常突出。在本套试题的6道非选择大题中，还配以13个不同类型的图或表，其包含的信息比选择题图表更复杂。

2. 非连续文本蕴含信息量大，信息之间存在逻辑关系

在上述6个图表以及图2、图5和表1中，无论是曲线图、柱状图还是数据表格，其中的数据分别关联了光合作用、能量代谢和细胞凋亡等学科知识，同时数据来源关联科学实验的设计原理。数据的特征与变化规律反映了实验中自变量、因变量和无关变量的关系。

三、典型非连续文本阅读的教学策略

1. 分类阅读训练

非连续文本的几种典型形式均蕴含较复杂的信息。数据表格表达了实验中自变量、因变量之间对应数据的特点和规律，可以以数值的绝对值表述某种规律，也可以以数据的相对值表述数据变化背后的逻辑关系。曲线图表述的是两个变量之间的变化关系，多条曲线图较单一曲线图蕴含的信息更为复杂，关联的因素更多。柱状图表述不同变量在特定条件下的绝对值变化，多变量的柱状图反映不同条件下数值变化规律，反映条件背后研究对象在复杂变量下的特征和规律。显然，不同的典型非连续文本在表述问题、反映变量变化等方面存在着一定的差异。因此，在典型非连续文本阅读的专项训练中，可以将几种典型非连续文本分类训练。根据图像种类，分类训练大致可以分为表格

信息类、曲线图信息类、柱状图信息类、图像信息类。分类训练便于归纳整理，便于集中训练巩固。

典型的非连续文本的共同点是常用来表示科学实验中不同变量间的相互关系，反映某项实验研究中的规律和特征。因此，阅读图像类文本首先是掌握这几种图像的内在规律。对于学生而言，理解和掌握几种图像中的规律有较大困难。通过对每一种图像进行比较归纳，寻找规律和特点，学习和训练从一般到特殊，从简单到复杂。在教学设计中，可以设计“习题训练—寻找问题—归纳解析—图文转换训练—情境应用”的教学策略。下面以数据表格图为例做简要分析。

第一，根据数据表格图种类和难度，选择适当的习题设计学案，学案中的数据表格由简单到复杂、由一般到特殊的规律设计，从练习—归纳—应用的教学思路出发，结合数据表格图和表格对应生物学知识的难易程度，一节课设计 6 个数据表格题较为合适，而且训练课所用的数据表格题要尽量少带无关的概念考查题，只单纯考查表格信息获取加工或者带少量与表格直接有关的问答小题。其中，前 4 个数据表格图用来训练、归纳，后面 2 个数据表格图作为学习评价习题，这两个数据表格图同样考虑梯度难度设计。在前 4 个数据表格图中，前 2 个设计为简单的单变量数据图，第 3 个设计为多变量数据表格，第 4 个设计为分析表格数据相对值。

第二，安排课堂限时训练，完成 4 道含有数据表格图的习题。在学生完成习题的过程中，教师观察学生答题情况，并统计学生解答问题的正确率，分析习题难易度，从发现的问题中寻找学生在阅读数据表格时的共性问题。这期间教师不做引导和讲解，可以组织学生讨论交流。

第三，结合学生阅读作答中的问题，有针对性地提出新的问题，这些问题不是直接问相关问题的答案或者解题思路，而是问数据表格中的信息获取问题。比如：数据表格图中自变量是什么？因变量是什么？因变量检测指标是什么？数据表格图中数据的特点是什么？数据的变化规律是什么？不同条件下数据有何关系？等等。在这些问题的交流指导基础上，归纳总结数据表格图阅读的技巧和方法。先总结简单数据表格图，再总结多变量、多条件的数据表格图，最后归纳总结多条件、以数值相对值反映特征规律的复杂数据表格图。

第四，在完成问题暴露、非连续文本阅读及解答规律讲解归纳的基础上，设计图文转换训练，进行思维的深度训练和严密训练。比如将表格信息转化为文字信息，设计文字信息转化为表格形式，将曲线图信息转为文字，设计相关文字信息转化为曲线图。图文转换或文图转换，能使学生充分认识每种文本形式的特点和优缺点，对其本质和规律有深刻认识。在此基础阅读此类非连续文本时，学生思维的切入点、思维的熟练度、思维的缜密度都会有一定程度的提升。

第五，在归纳总结基础上，以两道新情境数据表格图做课堂评价检测。完成习题后，组织学生回答汇报问题。汇报不是简单地说出答案，而是引导学生分析阅读思路、阅读方法，分析利用表格信息解答问题的思路。

总之，习题训练的首要目标是得到方法，而不是习题的答案。

2. 文图整合阅读训练

分类训练的策略能集中发展对数据表格图像规律的阅读能力，这种策略在课时较充足的情况下应用较为合适，但这种策略也存在支离破碎、为图而教的问题。因此，还可以结合文本采取情境、知识、数据表格图三者有机结合的教学策略。在剖析文本的基础上，以整道题的知识背景、问题设计剖析文本，寻找阅读数据表格图的规律。文本中的表格一般由实验数据整理而来，反映自变量和因变量的关系和规律，这些信息在文字部分也有隐藏，一般蕴含在实验的研究目的中。曲线图、柱状图同样如此，既反映不同变量间的关系，也反映实验处理的分组情况、数据变化规律等。孤立的文字文本阅读无法分析研究结果，孤立地看待数据和曲线，容易忽略实验对象、实验目的、实验处理等信息。因此，就单一的典型非连续文本而言，在掌握图像阅读技巧和规律的基础上，应采取文字文本和图像文本相结合的方式进行阅读，做到信息互补、相互印证，完成题目的解答。这里提出的文字信息和图像信息相互印证，对于发展阅读素养至关重要。下面以 2021 年北京高考生物卷中的部分题干进行阅读剖析。

用三组水箱模拟该水域的环境。水箱中均放入柏桉藻和甲、乙、丙 3 种本地藻各 0.5 克，用纱网分区（见图 1）；3 组水箱中分别放入 0、4、8 只水虱 / 箱。10 天后对海藻称重，结果如图 2，同时记录水虱的分布。

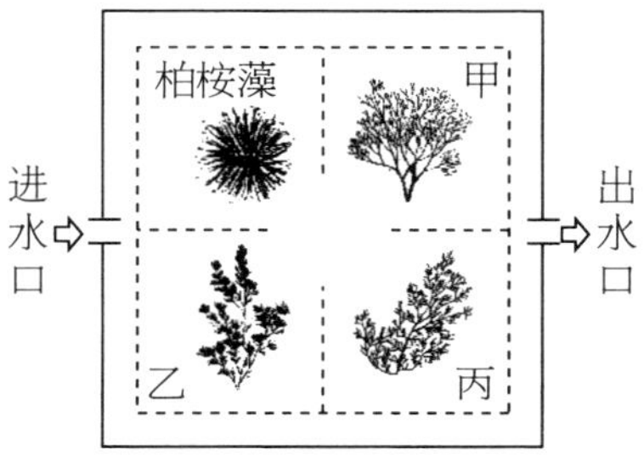

图 1

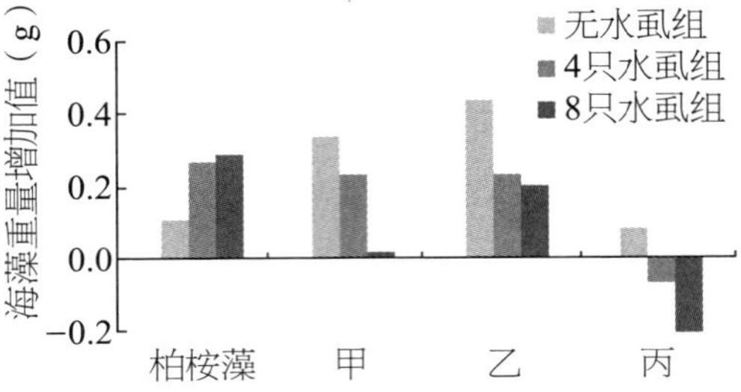

图 2

图 2 结果说明水虱对本地藻有更强的取食作用，作出判断的依据是：与没有水虱相比，在有水虱的水箱中，________。

分析以上文本：通过阅读题干可获得“三组水箱”“每组水箱放入 0.5 克植物”“不同组水箱放入的水虱数量不同”这些信息。对图像进行阅读，其反映的自变量可以印证“3 组”“4 种植物”“水虱的数量”这些信息，和文本阅读是一致的。这种相互的信息印证对于做题的心理、解题的切入点都非常有益。如果印证了某些信息的统一性，学生就会有读懂题的信心。这对带评价的快速阅读典型非连续文本至关重要。但是，图像文本展示了实验结果的相关信息，即不同藻类自遭遇不同浓度的水虱后数量变化的规律。

再对上述分析复盘，孤立地阅读图像，读不出水箱有几组，读不出图 2 的数据其实是 3 组的平均值。孤立地阅读文字信息，与图像阅读割裂开来，实现不了文图信息的整合，对实验的情境也缺乏直观体验。

在具体教学中，应加强对以上策略的训练，可以结合分类训练策略，同时运用文图信息整合阅读策略。训练的思路是，首先以完整的一道题进行课堂训练，观察学生在阅读和作答过程中暴露的问题。然后，教师就典型的错误追根溯源，寻找问题，如上例中，“3 组水箱的信息”“不同水虱加入后不同藻类数量变化规律”。如果从作答的角度来看，例题信息分析较少，但这显然不是阅读题的分析方式，也不是习题的分析方式。只有将实验原理、变量关系、结果结论分析透彻，才能实现对非连续文本阅读素养的提升。要发展生物学文本阅读素养，要在高考中快速准确完成非连续文本大题，对上例的课堂训练就必须做到文本信息整合阅读的训练和指导。

3. 文图信息转换训练

这是集中训练阅读中信息获取和信息加工的能力，无关问题作答过程，无关题目的审题是否正确，聚焦于学生的图像信息解读能力。训练中，将图像信息转换为同等信息量的文字段落，同时将复杂的题干文字信息转换为相应的表格或曲线图、柱状图。在上述分类阅读训练和文图整合阅读训练中，均可以对文图信息进行转换，从而对信息的表达形式有彻底的了解，能客观地比对分析文字信息和图像信息各自呈现的优缺点。熟练完成文图信息转换，意味着学生在设计和书写实验方案时，能设计出信息量大且简练的实验方案文本。举例说明如下：

科研人员研究不同碳源和温度对菌株 L 降解胆固醇的影响，结果如下图。

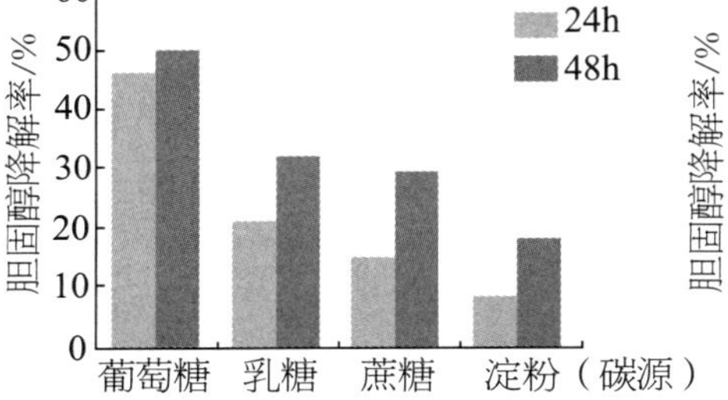

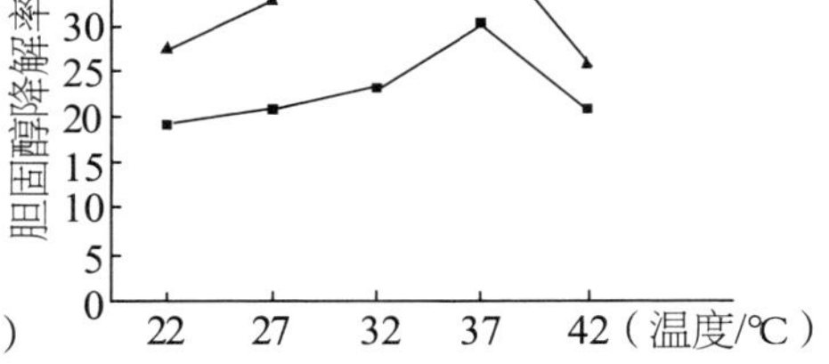

如果将上图图像中蕴含的所有信息以文字表达出来是这样的：

将菌株L分别接种于以葡萄糖、乳糖、蔗糖、淀粉为碳源的培养基上，分别在22℃、27℃、32℃、37℃和42℃温度下培养48小时，在24h时和48h时，分别测定不同温度时各碳源培养基上胆固醇降解率，结果是……

显然，图像类非连续文本在表达信息时有其固有的明显优势，这是文字文本不可替代的。在科技文本中，图像类非连续文本是关键的信息载体，也是不可替代的信息文本。在上述实例中，如果把每个温度下、不同时间段、不同碳源培养基中的实验结果都用文字表达出来，文字量很大，而且成段的文字容易造成信息混乱，相互干扰，容易形成错误和歪曲的逻辑信息。通过这样的训练，学生对图像等非连续文本的优势认识得更深入。那么，在阅读此类文本时，方法和技巧会更加娴熟。再来看看文字信息转化为图像信息的训练实例。

为研究毒品海洛因的危害，将受孕7天的大鼠随机分组进行实验，将海洛因按质量分为3个处理剂量，低剂量、中剂量和高剂量组，连续九天给小白鼠注射。九天后分别测活胚胎数/胚胎总数（%）、脑畸形胚胎数/活胚胎数（%）、脑中促凋亡蛋白Bax含量（$\mu g \cdot L^{-1}$）。测得的实验结果是，活胚胎数/胚胎总数（%）按对照区、低剂量、中剂量、高剂量的顺序排列是100、76、65、55；脑畸形胚胎数/活胚胎数（%）按对照区、低剂量、中剂量、高剂量的顺序排列是0、33、55、79；脑中促凋亡蛋白Bax含量（$\mu g \cdot L^{-1}$）按对照区、低剂量、中剂量、高剂量的顺序排列是6.7、7.5、10.0、12.5。

上述文本信息庞杂，如果直接阅读分析作答容易出现信息错乱，解答不准确。正确转换后的表格（表7）为：

表 7　受孕 7 天的大鼠海洛因实验数据表

检测项目	对照组	连续 9 天给予海洛因		
		低剂量组	中剂量组	高剂量组
活胚胎数 / 胚胎总数（%）	100	76	65	55
脑畸形胚胎数 / 活胚胎数（%）	0	33	55	79
脑中促凋亡蛋白 Bax 含量（$\mu g \cdot L^{-1}$）	6.7	7.5	10.0	12.5

结果一目了然，图像类信息文本优势强大，信息量大，反映了变量之间复杂的关系，反映了自变量、因变量，显示了实验结果中三个测量指标的数据特征和变化规律。

文图信息转换过程复杂、耗时长，教学中建议适当组织这类文图信息的转换训练，达到目的即可。通过文图转换训练，一方面能够提升学生对文图信息的读取和加工能力；另一方面，能够让学生深刻认识到文字信息和图像信息各自的表达优势，认识到生物学文本中信息蕴含的复杂性。

第四节

基于课外阅读的指导策略

对于中学生而言，参与生物学文本阅读的时间基本分布在课堂中。课堂教学是发展生物学文本阅读素养的主阵地，阅读教学是发展阅读素养的主要途径。前面章节着重阐述了在课堂中发展生物学文本阅读素养的策略，包括教材阅读教学策略、科技文本阅读教学策略和非连续文本阅读教学策略。但阅读素养发展也不能忽视课外阅读。课内多种形式的文本阅读训练有几个相同的特征，比如均体现快速、任务驱动和阅读测评。带有任务和测评的快速阅读训练，对于不同的学生的训练效果差异较大。尤其是那些阅读速度慢、阅读能力较弱的学生，快速阅读过程中他们很可能没有完全消化知识和方法，还会造成心理负担。利用节假日、寒暑假时间，安排适当的自主课外阅读，适合学生慢读、精读、细读，适合学生边读边思考，细品读物中的知识和思想，这是非常好的。在阅读过程中，没有任务，没有测评，这种阅读完全是自主式、享受式的阅读。

当然，对于大多数学生而言，自主选择读物、自主选择阅读时间都存在着一定的盲目性。课外阅读需要教师的引导和指导。根据高中学生的学情，建议教师根据教学进度和学习的课程模块设计主题式阅读和项目式阅读。课外阅读因为离开课堂，缺少老师直接的指导和解读，推荐的读物应该是科普性的或者通识类的生物学著作。

项目式阅读适合正在参与课外实验创新的小组，比如，高一兴趣小组在假期做关于地区鸟类多样性的调查，那么教师可以指导学生去图书馆借阅当地的鸟类图鉴等相关著作与期刊文章，还可以阅读自媒体公众号文章。针对性的专业阅读可帮助兴趣小组同学顺利完成科学调查、实验创新等课外实践活动。

主题式阅读适合寒暑假想自主阅读的同学。比如，高一学生全体都学生物，第一学期学习完必修 1《分子与细胞》后，可以推荐阅读《细胞生物学》《植物生理学》等著作。第二学期修完必修 2《遗传与进化》后，可推荐阅读《生命是什么》《物种起源》等著作。高二第一学期学习完《稳态与调节》《生物与环境》两个模块后，可推荐阅读《人体生理学》《生态学》等著作。高二第二学期学习完选择性必修 3 模块《生物技术实践》后，可推荐阅读《微生物学》《基因工程》等著作。以上推荐方案只是一个大概的参考，类似内容的书籍有很多，适合高中生阅读的一定是通识类、科普类的著作。主题式阅读主要在寒暑假等长假期内完成，学生有较充足的时间慢读、精读。教师可以根据学情适当安排阅读任务，撰写书评和读后感都是很好的方式。在新学期考试后，利用一定的时间，组织读书分享会，扩大学生读书的范围，这也是对阅读评价的一个促进和检验。只要教师给予积极鼓励和引导，让学生能有机会表达自己读书的感悟和收获，学生课外阅读的积极性就会越来越高，方法也会掌握得更好。真正自觉的阅读才是阅读教学的追求，教师不应该放弃这样的机会。而在实际教学过程中，理科类科目或者说非语言类学科的教师，很少布置课外主题式阅读和项目式阅读，这种现象值得所有教师深思。

第四章

生物学阅读素养发展教学设计案例

第一节

基于教材阅读的教学设计案例

范例鉴赏 1

“细胞中的糖类和脂质”教学设计片段

教学内容分析	“细胞中的糖类和脂质”是人教版高中《生物学·必修1·分子与细胞》第2章第3节的内容。教材内容以多栏目形式阐述了细胞中糖的种类与功能，以及脂质的种类与功能。除正文外，教材内容还有“本节聚焦”栏目，提出了聚焦于糖类和脂质的3个问题；“知识链接”栏目扩展了教材正文的广度和深度；“与社会的联系”栏目将知识拓展到人体健康、社会热点问题；“思考与讨论”栏目将正文内容引入深度思考的境界；旁栏中的思考问题与正文联系紧密，以真实情境引发对正文中相关内容的思考。正文内容配有生动、真实、形象的多种图像，有真实的实验结果图，有形象生动的示意图，也有真实的动物配图。从以上内容分析，教材内容、配图有机结合，可读性强，本节内容学习难度较小，设计问题驱动的自主阅读学习效果强于教师讲授教学

续表

教学目标分析	课标内容要求是："概述糖类的多种类型，它们既是细胞的重要结构成分，又是生命活动的主要能源物质；举例说明不同种类的脂质对维持细胞结构和功能有重要作用。"综合学业质量水平和内容要求将本节内容学习目标确定为：（1）通过区分糖和脂质的元素组成差异、不同糖化学结构差异、不同脂质化学结构差异，说明糖和脂质的不同功能，说出不同糖、不同脂质在细胞中的组成和相应功能。（2）应用比较分类、归纳概括、构建概念图、综合分析等思维方法区分比较糖类和脂质。（3）对脂肪实验染色图片进行学习、辨认和识别，确立鉴别脂肪的实验原理和现象。（4）根据所学内容，对于人体健康有关的肥胖、糖尿病、膳食纤维营养等问题进行科学的分析和判断，秉持正确的观点		
教学思路	依据教材正文"本节聚焦"栏目的问题，以问题驱动方式驱动课堂学习和思维活动。学生活动主要包括两部分：问题驱动自主阅读学习和学习成果展示评价。通过对学习成果汇报展示的评价，教师引领学生进行抽象思维活动，归纳本节课内容，实现内容结构化和理解深度化		
教学环节：问题驱动，自主阅读学习			
教师活动	学生活动	阶段目标	评价方式
列出或呈现课堂教材阅读的引领问题。 组织阅读，在阅读过程中进行观察，对个别学生给予指导。 对全体同学进行阅读方法的指导，对阅读中遇到的多个图像的信息获取给予一定的指导和解释。 接受学生的提问和释疑	熟悉阅读前要准备的问题。 自主阅读学习，依据问题进行问题回答式阅读，并做一定的标记或笔记。 在阅读中遇到不清楚或不明白的问题向老师询问，或将问题记录下来	对糖类、脂质分别进行比较归纳，构建概念图。 说明不同糖类的化学组成、分布特点、主要功能。 说明不同脂质的化学组成差异、主要功能。 对糖尿病病人、肥胖群体提出合理的饮食建议。认识到糖类和脂质与人体健康密切相关	对于自主阅读过程中的阅读专注度、阅读技巧、阅读中疑难问答等，给予过程性的鼓励性评价。 对个别询问答疑同学进行表现性鼓励评价

续表

教学环节：学习成果展示与评价			
教师活动	学生活动	阶段目标	评价方式
说明自主阅读学习成果的展示规则。 规则1：各小组选代表陈述学习成果，同组同学可补充。 规则2：其他组在陈述时，可对其他组的阅读学习成果给予补充和评价。 聆听各小组代表同学陈述阅读学习的成果，并给予积极的、指导性的评价。 引导概括，构建概念图并阐释	聆听、熟悉规则。 分小组进行成果汇报，按规则进行自我修正和互相评价成果。 聆听，概念建构	按教师制定的课堂成果展示规则完成汇报。 完成对单糖、二糖和多糖的结构与功能的区分和鉴别，完成对胆固醇、磷脂、性激素等脂质结构与功能的区分说明。 说出糖类和脂质与人体健康的关系，举例说明。 完成本节课关于糖类和脂质阅读学习后的概念图构建或思维导图构建	对展示过程中的态度、表现、成果进行评价。 以提问的方式对成果进行答辩式评价。 以完成概念图的质量评价阅读学习成果

课例分析

本节内容理解难度较小，主要是糖的种类和主要功能、脂质的种类和主要功能。从核心素养发展角度分析，通过比较、归纳，建立生命活动的物质观，发展比较归纳等科学思维；从部分健康案例分析出发，关注糖类和脂质与人类健康的关系，提高健康生活的社会责任，比如关注糖类和脂质与糖尿病、低血糖、肥胖、高血脂、动脉硬化等的关系。

“细胞中的糖类和脂质”学案设计

阅读教材 P23—27 全部内容，包括旁栏、图解等部分的内容。

一、本节聚焦问题。

1. 细胞中的糖主要有哪几类？在细胞中起什么作用？

2. 细胞中的脂质主要有哪几类？在细胞中起什么作用？

3. 了解关于糖类和脂质的知识，对健康生活有什么帮助？

二、以思维导图或概念图形式表示本节阅读内容。

三、学以致用。

思考 1：糖都有甜味吗？举例说明。

思考 2：糖尿病患者与肥胖患者的饮食应如何搭配？解释原因。

思考 3：脂肪为什么是储能物质？

自我检测

1. 植物和动物细胞中都含有的糖是（　　）。

A. 淀粉和葡萄糖　　B. 糖原和纤维素

C. 乳糖和半乳糖　　D. 核糖和葡萄糖

2. 关于生物体内脂质与糖类的叙述，正确的是（　　）。

A. 脂质与糖类的组成元素相同

B. 脂质与糖类可以大量相互转化

C. 淀粉和纤维素都是植物细胞中的储能物质

D. 相同质量的脂肪与糖原，脂肪所含能量更多

3. 下列关于减肥的说法不正确的是（　　）。

A. 肥胖是由于脂肪在体内积累过多造成的，为了减肥，我们要少吃油腻的食物

B. 由于糖类较易转变成脂肪，为了减肥，我们要少吃容易吸收的

可溶性糖

C. 脂肪可以在体内氧化放能，为了减肥，我们要多运动，以增强脂肪的消耗

D. 为了轻松减肥，最好每天只吃含维生素丰富、含脂类较少的水果和蔬菜

答案：1.D　2.D　3.D

范例[①] 鉴赏 2

“免疫缺陷病”教学设计片段

教学内容分析	“免疫缺陷病”是人教版高中《生物学·选择性必修1·稳态与环境》第4章第3节的内容，这部分内容重点讲述了艾滋病。这是一种具有代表性的免疫缺陷病，这部分内容主要涉及HIV感染人体的机理。这部分内容需要运用遗传学和免疫学的相关知识才能分析透彻，这是难点。 通过HIV致病机理的分析，还能加深学生对辅助性T细胞功能的理解，也有助于学生更好地认识免疫调节在维持人体稳态中的重要作用。教材安排了思考讨论，从课堂学习上升到社会责任的高度，介绍了预防艾滋病传播的措施，同时让学生认识到艾滋病患者是HIV的受害者，需要得到我们的关爱。 本节教材在“科学·技术·社会”栏目安排了与艾滋病有关的内容，密切联系社会，使学生看到艾滋病发展的严峻形势以及我国在遏制和防治艾滋病方面的努力，体现了我国的责任担当，也让学生认识到预防艾滋病传播是每一个人应尽的责任和义务

① 此范例由卫青华老师提供。

续表

<table>
<tr><td>教学目标分析</td><td colspan="3">从内容分析，本节课学生需要学到以下内容：举例说出免疫失调可引发的疾病艾滋病和先天性免疫缺陷病，能概述艾滋病的感病机理，了解怎样预防艾滋病的传播。
从“概述”要求分析，需结合资料分析构建艾滋病感病机理流程图，以及结合视频资料归纳艾滋病的传播途径，并且提出有效的防治措施。

从学业要求分析，在构建概念过程中，发展生命观念、科学思维、科学探究和社会责任四项核心素养。在此基础上，能在独立面对某种传染病发生时进行科学分析，提出科学且可操作的防御方案</td></tr>
<tr><td>教学思路</td><td colspan="3">通过阅读教材情境资料和老师的问题引领驱动，让学生说出免疫缺陷病的种类和发病原因，进而启迪和促进学生的深度思考，锻炼学生科学思维能力。再引导学生阅读非连续文本“HIV 感染宿主细胞”的模式图、“HIV 浓度和辅助性 T 细胞的变化”曲线图和“HIV 病毒感染辅助性 T 细胞”的实物图。并且通过分析构建 HIV 感染宿主细胞的流程简图，深刻理解 HIV 感染人体的机理，提升学生实事求是的求学态度，规范学生逻辑思维的严谨性。同时结合视频资料和数据，让学生了解艾滋病的传播途径和主要防治措施，认同健康的生活方式。最后通过“科学·技术·社会”栏目的阅读，了解国家对待艾滋病患者的态度和我国科学家的研究成果，增强民族自豪感。通过本节课的阅读学习，学生能养成良好的生活习惯、行为习惯，提升学生自律意识和家国情怀，能积极向身边人宣传防治艾滋病的方法，也能在面对传染病流行时，积极履行社会责任</td></tr>
<tr><td colspan="4">教学环节：问题驱动，自主阅读学习</td></tr>
<tr><td>教师活动</td><td>学生活动</td><td>阶段目标</td><td>评价方式</td></tr>
<tr><td>展示真实情境资料，导入新课。

PPT 展示泡泡男孩的相关连续文本资料，并提出问题。

（进阶问题驱动）
下发学案，展示 SCID 病患病的相关资料</td><td>做好阅读准备，阅读资料，开始阅读检索问题答案。

阅读资料，勾勒关键信息，整合文本资料，小组合作</td><td>引导学生自主阅读。

激发学生阅读欲望，引发思考。

进阶问题驱动，提升学生阅读兴趣</td><td>对学生注意度用激励性言语进行过程性评价。

对学生阅读的专注度利用鼓励性语言，对回答问题的精准度通过小组赋分形式进行过程性评价</td></tr>
</table>

续表

教师活动	学生活动	阶段目标	评价方式
教师巡视指导阅读，教师指导并评价阅读效果。 展示艾滋病相关文本资料。 （过渡问题）艾滋病发病机理是什么？ 展示HIV的模式图，思考该病毒的遗传物质是什么？这种病毒感病的机制是什么？ 通过学案展示非连续文本“HIV浓度和辅助性T细胞的变化”曲线图。 （过渡问题） HIV为什么会破坏辅助性T细胞？原因是什么？ 展示非连续文本“HIV病毒感染辅助性T细胞”的实物图。 HIV感染辅助性T细胞后是怎样破坏细胞的？ 展示非连续文本“HIV感染宿主细胞”的流程图	思考问题、回答问题，推理构建先天性免疫缺陷病概念。 阅读资料。思考回答问题。 阅读思考。 构建HIV感染宿主细胞的概念模型。 综合以上资料说明艾滋病发病的机理。 比较艾滋病与免疫缺陷病。 阅读资料。 思考预防和治疗艾滋病的措施并进行小组讨论。 阅读教材“科学·技术·社会”栏目安排的与艾滋病有关的内容	提高学生阅读品质，通过阅读反馈检验学生阅读效果。 让学生准确了解艾滋病基本概念。 夯实学生基础，提高学生注意度。 问题任务驱动，激发学生阅读的积极性。 提升学生获取信息的能力。 问题驱动，激发学生探究欲望。 提升学生阅读实物图的能力。 培养学生阅读流程图的品质。 培养学生利用阅读策略解决问题的能力。 揭示艾滋病与人体免疫系统的根本关系	对阅读技巧、阅读习惯利用激励性语言进行过程性评价。 对回答问题的精准度，通过小组赋分形式进行过程性评价。 对学生阅读的方法、策略进步程度利用鼓励性语言，对回答问题的精准度通过小组赋分形式进行过程性评价。 学生是否能准确获取阅读的信息，是否能准确描述和加工阅读的信息，通过小组赋分形式进行过程性评价。 对学生阅读态度积极性利用鼓励性语言，对构建的模型严谨性利用希沃助手软件和鼓励性语言进行过程性评价

续表

教师活动	学生活动	阶段目标	评价方式
教师巡视，对阅读素养较弱的同学及时指导鼓励并建立信心，对阅读素养较高的同学进行任务驱动。 任务驱动，展示艾滋病主要传播途径的文本资料。 提出问题、下发任务。 巡视指导，总结小组赋分和语言类表扬次数。 布置课后评价。 展示新冠肺炎疫情的相关资料	计算自己所在小组赋分和被表扬次数。 阅读资料。 分析资料。 提供科学的治疗和防控方案	借助阅读教学培养学生理解、应用、思辨能力。 激发学生阅读学习热情，树立阅读自信。 检验学生通过阅读提升的学习效果	通过小组赋分形式对学生回答问题的准确度、思辨能力进行过程性评价。 利用小组赋分和表扬次数总数据进行终结性评价。 通过小组赋分形式对学生对新冠肺炎疫情的科学认知以及提供的防御方案的科学性、可行性进行终结性评价
教学环节：学习成果展示与评价			
教师活动	学生活动	阶段目标	评价方式
说明学习成果展示规则和评价规则。 聆听学生小组阅读成果展示并与学生合作交流评价成果。 展示检测试题	每小组派代表汇报阅读成果，其他同学聆听，同时生生合作、师生合作。 交流评价各小组的阅读成果。 答卷并提交答卷结果	明确先天性免疫缺陷病的概念、原因，先天性免疫缺陷病与艾滋病的区别，艾滋病的病因、致病原理、传播途径、预防措施、治疗措施	对学生的聆听态度利用激励性语言进行过程性评价。 利用习题定向赋分。 评价学生本节课阅读学习成果

课例分析

本节课学习任务的核心是“艾滋病”，在学生利用网络查阅资料受限制的相关情况下，组织阅读教材中关于艾滋病的资料，是本节课教学中合理的设计。教材中与艾滋病相关的资料有：艾滋病当前的流行趋势和特点，艾滋病的发病机理，治疗和预防的进展与相关措施。本节课对于学生学习生物学中免疫知识，提高关注艾滋病方面的社会责任具有非常重要的意义。

“艾滋病病毒攻击辅助性T细胞的机理”知识点难度较大，在学生阅读基础上，教师给予一定的引导。结合非连续文本的坐标曲线，发展学生科学思维。

“免疫缺陷病”学案设计

一、阅读以下资料，并思考问题。

资料1

1971年9月，大卫在休斯顿的儿童医院出生，患有一种名叫SCID（重症联合免疫缺陷症）的疾病，这种疾病使大卫从出生起，就只能生活在一个无菌透明的塑料隔离罩中。他在塑料泡泡里度过了12年的光阴，所以被称为“泡泡男孩”。

思考：泡泡男孩为什么只能在无菌环境中生存？

资料2

SCID病是由于腺苷脱氨酶（ADA）缺陷或IL受体缺陷。ADA酶为一种能将腺苷脱氨基变为肌苷的酶，ADA基因突变导致ADA活性及稳定性均降低，使腺苷水平升高，反过来又促进脱氧腺苷及dATP水平升高。dATP是核糖核苷酸二磷酸还原酶的抑制剂，核糖核苷酸二磷酸还原酶催化DNA复制的原料——4种脱氧核苷酸的合成。

IL 受体是白细胞介素的受体。

思考：

1. dATP 对免疫细胞的作用机制是什么？

2. 白细胞介素受体的化学本质是什么？白细胞介素的作用是什么？

3. 综上所述，SCID 病致病的根本原因可能是什么？

二、阅读教材 P61“科学·技术·社会”栏目全部内容。

思考：怎样预防和治疗艾滋病？

三、检测试题。

1. 下列关于艾滋病和免疫系统的说法，错误的是（　　）。

A. 艾滋病由 HIV 引起，HIV 是一种 RNA 病毒，主要攻击辅助性 T 细胞

B. 艾滋病和重症联合免疫缺陷病均属于免疫缺陷病

C. 人体感染 HIV 后称为艾滋病患者，具有传染性

D. 艾滋病患者的直接死因往往是其他病原体引起的感染或恶性肿瘤等疾病

2. 治疗艾滋病（其遗传物质为 RNA）的药物 AZT 的分子构造与胸腺嘧啶脱氧核苷酸结构很相似。下列对 AZT 作用的叙述正确的是（　　）。

A. 抑制艾滋病病毒 RNA 基因的转录

B. 抑制艾滋病病毒 RNA 基因的逆转录

C. 抑制艾滋病病毒蛋白质的翻译过程

D. 抑制艾滋病病毒 RNA 基因的自我复制

答案：1.C　2.B

范例鉴赏3

“传统发酵技术的应用”教学设计片段

教学内容分析	“传统发酵技术的应用”是人教版高中《生物学·选择性必修3·生物技术与工程》第1章第1节的内容，本节授课内容包括章首“科技探索之路”栏目和第1节内容。“科技探索之路”栏目以时间发展顺序，叙述了从传统发酵技术到发酵工程的科技发展历程，第1节内容从我国古代传统发酵的实践到巴斯德发现发酵由微生物引起，引出“发酵”“传统发酵”的概念，简要介绍了我国传统发酵产品“腐乳”的制作原理和风味特色。详述了制作泡菜和果酒果醋的原理与反应简式，并设计探究实践活动，制作传统发酵食品，分别是“制作泡菜”和“制作果酒和果醋”。从以上内容分析，知识学习难度不大，采用教师讲授的方法效果一般。对传统发酵技术和传统发酵食品的认识和了解，如果通过学生自主学习与教师问题梳理相结合的方式则效果更好
教学目标分析	“技术与工程”模块的教学目标中心为“技术原理、工程流程、技术迁移应用和技术与工程操作实践中的注意事项”，属于程序性、原理性知识，概念性内涵不明显。因此，单元教学目标和课时教学目标也应着重体现上述目标中心。 本节课教学目标设定为：（1）简述传统发酵技术中制作腐乳、泡菜、果酒果醋的菌种结构特点和代谢特点，阐明菌种发酵原理。（2）对传统发酵技术原理和流程进行科学的比较和归纳，对发酵食品的安全性和营养价值提出自己的见解，对发酵过程中的注意事项找出合理的解释。（3）尝试动手实践制作腐乳、泡菜、果酒和果醋。（4）认同传统发酵技术在我国饮食文化中的特色地位，关注科学技术对食品制作和食品安全发挥的作用

续表

教学思路	在阅读中了解传统发酵技术的发展历程，了解我国传统发酵食品文化特色，完成“发酵”“传统发酵”两个概念的归纳。在学生阅读学习的基础上，教师讲授腐乳制作的原理和基本流程。课下布置任务，学生对“制作泡菜”和“制作果酒、果醋”进行自主学习及归纳。归纳四方面内容：基本原理、制作流程、注意事项和食品检测。课下自主学习成果于第二节课汇报交流，在此基础上，教师完成归纳和梳理，并指导学生周末完成两个制作实践活动		
教学环节：问题驱动，自主阅读学习			
教师活动	学生活动	阶段目标	评价方式
提出本节课学习的问题： （1）“发酵”“传统发酵”定义是什么？ （2）传统发酵食品腐乳制作的基本原理是什么？ （3）“制作泡菜”的原理是什么？制作流程如何设计？ （4）“制作果酒果醋”的原理是什么？制作流程如何设计？ （5）上述传统发酵食品原理和制作流程的关键要求有何异同？ 布置任务，10 分钟自主阅读，阅读过程中思考并尝试解答以上问题	明确本节课学习的问题，以问题驱动阅读学习。 以问题任务为线索，自主阅读学习，并完成相应问题	明确本节课主要的学习任务。 完成教材阅读，依据阅读获取的信息，完成本节课 5 个问题	课堂观察。 阅读学习过程的专注程度，阅读过程中关键信息的标注，5 个问题的解答程度

续表

教学环节：学习成果展示与评价			
教师活动	学生活动	阶段目标	评价方式
针对上述5个问题，安排每小组（平时班级上课有固定分组）派出一名代表口述汇报。明确汇报的规则和要求。 对各组同学的汇报进行问题记录、归纳，及时引导其他同学给予评价。 对本节课自主阅读学习过程、专注度和存在的问题给予评价和指导。对各小组汇报者情况和其他同学的补充回答进行评价和分析。 板书整理本节课核心主干知识，以结构化的概念图呈现	汇报同学针对上述5个问题进行口头汇报，对其他同学提出的问题给予回应。 聆听，对阅读效果、问题解答情况进行自我总结和反思。 聆听教师归纳的思路，并进行本节课主干知识概念图整理	完成5个问题的回答，能对其他同学的汇报发表自己不同的意见或补充意见	问题回答的流利性、思维逻辑的严密程度，以及对他人问题回应的积极性。 对上述评价方面给予过程性积极评价。 过程性评价。 整理情况的过程性评价和诊断评价

课例分析

本节课内容与学生生活体验密切相关，对传统发酵产品的食用、生产背景和食用安全要求，学生应有一定的认知。通过组织阅读教材文本，在问题和任务的驱动下，学生能逐步形成对传统发酵技术的认知。在阅读学习中，教师引导学生对于不同传统发酵技术的原理、步骤和条件进行比较和归纳，发展学生的科学思维。结合学生家庭实际条件，有选择地布置课后传统发酵食品制作任务，如果酒制作、酸奶制作、泡菜制作等，发展学生科学探究能力。同时，通过阅读和动手实践引导学生关注传统发酵技术，关注中华传统饮食文化，提高社会责任感。

“传统发酵技术的应用”学案设计

一、通过章首“科技探索之路”栏目的阅读学习，以流程图形式简要概括各阶段发酵技术的特点。

二、自主学习第一节内容，简要归纳“发酵”“传统发酵”的定义。

发酵：

传统发酵：

三、“制作泡菜”和“制作果酒、果醋”的归纳总结。

		制作泡菜	制作果酒	制作果醋
基本原理	菌种			
	反应简式			
制作流程				

四、实践作业（周末在家自愿尝试完成）。

依据本节课学习的知识和制作程序，利用家中的罐头瓶、矿泉水瓶等物品，尝试完成一项传统发酵食品的制作。制作范围包括泡菜、酸奶、果酒、果醋。

范例鉴赏 4

“发酵工程及其应用”教学设计片段

教学内容分析	“发酵工程及其应用”是人教版高中《生物学·选择性必修 3·生物技术与工程》第 1 章第 3 节的内容。本节内容主要包括“发酵工程的基本环节”、“发酵工程的应用”和“啤酒的工业化生产流程”。第一部分内容以传统发酵为基础，拓展到规模化、工业化生产，文本以混合文本呈现，主要由发酵罐示意图和发酵流基本环节图构成，非连续文本特征较为突出。学习方式可选择学生自主阅读学习后教师进行问题解答归纳，或者教师讲授完成。第二部分内容陈述例举了当前生物科技在发酵工程方面的卓越成就，以及科技成果对人类生活的影响。学习方式可选择学生自主阅读学习或教师讲授归纳。第三部分内容属于“思考与讨论”栏目，内容由啤酒工业化生产流程图和讨论问题组成。学习方式适合运用问题驱动的自主阅读学习
教学目标分析	课标内容要求是“概念 3：发酵工程利用微生物的特定功能规模化生产对人类有用的产品。3.2：发酵工程为人类提供多样的生物产品。3.2.2：阐明发酵工程利用现代工程技术及微生物的特定功能，工业化生产人类所需产品。3.2.3：举例说明发酵工程在医药、食品及其他工农业生产上有重要的应用价值”。从以上课标摘录来看，学习目标所用的行为动词有“阐明”“说明”，这说明需要学生从发酵工程的原理、流程、意义和注意事项等方面清晰地说明和解释。结合内容分析和学情基础，本节课教学目标定为：（1）从结构与功能观、进化与适应观、系统观认识菌种选育、发酵工艺控制对发酵过程的重要性。（2）构建简明现代发酵基本环节概念图模型。（3）比较不同现代发酵工程与传统发酵的优势与特点。（4）认识科学技术与社会的相互作用关系，关注我国传统和现代发酵产品

续表

教学思路	自主阅读“发酵工程的基本环节”内容，利用问题驱动，思考分析现代发酵各环节的生物学原理和技术依据。自主阅读“发酵工程的应用”，通过教师对典型产品的应用讲述，认识科学、技术与社会的关系。以“思考与讨论”栏目中啤酒酿造流程的相关问题作为学习评价工具		
教学环节：“发酵工程的基本环节”问题驱动阅读学习			
教师活动	学生活动	阶段目标	评价方式
明确本节课学习目标：（1）发酵工程的每个环节的生物学原理和技术依据。（2）举例说明发酵工程在医药、食品和农牧业中的应用。 布置阅读学习任务：5分钟完成“发酵工程的基本环节”的学习。设计问题，引领学生对发酵工程各环节生物学原理、技术原理进行思考分析	聆听学习目标。 自主阅读学习“发酵工程的基本环节”。 思考问题：（1）菌种选育的方式。（2）培养基组成成分和灭菌方法。（3）啤酒发酵过程条件控制	确定学习目标和学习任务。 完成“发酵工程的基本环节”自主阅读学习，标记重点信息。 对3个思考问题进行分析，完成讨论，能在教师引导下正确回答问题	课堂听讲精神状态和听讲专注度等过程性评价。 阅读学习过程的过程性评价。 评价3个问题回答的准确性及回答过程中的思维品质
教学环节：“发酵工程的应用”阅读归纳学习			
教师活动	学生活动	阶段目标	评价方式
安排本节课第二阶段的阅读任务，自主阅读学习“发酵工程的应用”部分，并在笔记本上归纳整理应用案例。 安排部分学生汇报阅读整理情况，并做点评指导	自主阅读学习“发酵工程的应用”内容。 汇报学习成果，聆听其他同学汇报并表达自己的观点	完成阅读，并分类归纳整理应用实例。 清晰表达汇报自己的阅读学习成果，对他人的汇报成果给予评价	阅读过程的过程性评价。 归纳整理笔记的品质。 阅读整理成果的表达情况，汇报的参与度

续表

教学环节：阅读学习评价			
教师活动	学生活动	阶段目标	评价方式
设置任务，以问题驱动的方式，自主完成“啤酒的工业化生产标准”内容学习，栏目中的问题是本节课学习的诊断问题	自主完成诊断问题，并书写在书上空白处	完成阅读，完成问题的书面表达	阅读过程的过程性评价，问题的诊断检测

课例分析

“发酵工程及其应用”这节内容，从知识角度分析，属于了解水平，可以作为自主阅读学习素材，拓展知识面即可。但可以利用好教材中的素材，从概念体系和科学思维、科学探究和社会责任的角度进行授课。本节阅读通过问题驱动进行，阅读完毕后由学生分小组进行汇报展示，在展示中引导学生关注科学技术与社会发展的关系，提高社会责任。认识到科学技术的不断发展，提高和改变了人类的生活方式和生活质量。同时，教材中情境资料的多个案例，可以设计为诊断题进行评价设计，也可以深度拓展进行试题的命制，比如青霉素的生产、干扰素的生产等。

范例①鉴赏 5

“土壤中分解尿素的细菌的分离与计数”教学设计片段

教学内容分析	“土壤中分解尿素的细菌的分离与计数”是人教版高中《生物学・选择性必修 3・生物技术与工程》第 1 章第 2 节的内容。本模块内容包括：（1）提出问题：“土壤中

① 此范例由庄玉静老师提供。

续表

教学内容分析	含有能分解尿素的细菌，我们如何分离它们？每克土壤样品究竟含有多少这样的细菌？”（2）基础知识：“绝大多数微生物都能利用葡萄糖，但是只有能合成脲酶的微生物才能分解尿素。利用尿素作为唯一氮源的选择培养基，可以从土壤中分离出分解尿素的细菌（附选择培养基配方）。”（3）实验设计：“土壤取样、样品的稀释、微生物的培养与观察。”（4）操作提示。（5）结果分析与评价。（6）进一步探究：“本活动只是初步地筛选了能分解尿素的细菌，对分离的菌种进行鉴定还需要借助生物化学的方法。查阅相关资料，进一步鉴定分离出的菌种。”从以上内容分析来看，本节内容可读性强，学习难度适中，设计问题驱动的自主阅读学习效果强于教师讲授教学
教学目标分析	随着《普通高中生物学课程标准》（2020年修订版）的颁布，高中生物学教与学有了新的理念和更高的要求：以核心素养为宗旨，内容聚焦大概念，教学过程重实践，学业评价促发展。这就要求生物学教师自己对生物学核心素养和大概念有清晰的认识，引导和鼓励学生主动参与实践，通过适当的评价促进学生的学习与发展。本模块的具体要求是：（1）阐明在发酵工程中灭菌是获得纯净的微生物培养基的前提。（2）阐明无菌技术是在操作的过程中保持无菌物品与无菌区域不被微生物污染的技术。（3）举例说明通过调整培养基的配方，可有目的地培养某种微生物。（4）概述平板划线和稀释涂布平板法是实验室中进行微生物分离和纯化常用方法
教学思路	本部分教学采取课上和课下相结合的方式。课堂教学通过类比的思维方法帮助学生形成选择培养基的概念，深化他们对生物与环境相适应观点的理解。然后，让学生在解决问题的过程中学习微生物选择培养与计数的技术；通过小组合作阅读并设计完成实验探究的过程，来深化学生对设置对照组、重复组等科学方法的认识，提升科学探究能力和创新意识。探究活动结束后，安排了结果展示、交流与评价活动，可以帮助学生进一步发展科学素养

续表

教学环节：问题驱动，自主阅读学习			
教师活动	学生活动	阶段目标	评价方式
列出或呈现课堂教材阅读的引领问题。组织阅读，在阅读过程中通过观察对个别学生给予指导。 对全体同学进行阅读方法的指导，对阅读中遇到的信息获取给予一定的指导和解释。接受学生的提问和质疑	熟悉阅读前要回答的问题。 自主阅读学习，依据问题进行问题回答式阅读，并做一定的标记或笔记。 在阅读中遇到不清楚或不明白的问题向老师询问，或将问题记录下来	熟悉探究的问题，明确实验目标。 根据基础原理知识，进行实验设计：土壤取样—配置培养基—样品稀释涂布—观察记录。 解决学生在阅读过程中遇到的问题，提示具体实验过程中的注意事项	对自主阅读过程中的阅读专注度、阅读技巧、阅读中疑难问答等给予过程性、表扬式的鼓励性评价。 对个别询问答疑的学生进行表现性鼓励评价
教学环节：学习成果展示与评价			
教师活动	学生活动	阶段目标	评价方式
说明自主阅读学习成果的展示规则。 规则1：各小组选代表陈述学习成果，同组同学可补充。 规则2：各小组在陈述时，其他组可对该组阅读学习成果给予补充和评价。 聆听各小组代表同学陈述阅读学习的成果，并给予积极的、指导性的评价。 引导概括知识点，构建概念图并阐释	聆听、熟悉规则。 分小组进行成果汇报，按规则进行自我修正和互相评价成果。 聆听，概念建构	按教师制定的课堂成果展示规则完成汇报。 说出尿素分解菌土壤取样的注意事项，对选择培养基的配制过程及稀释涂布过程进行说明	对展示过程中的态度、表现、成果进行评价。 基于完成思维导图的质量以及问题的回答来评价阅读学习成果

课例分析

这堂课是基于教材内容的实验探究的自主阅读指导课，它的成功之处在于：一是注重对阅读的指导，有问题引领，有目标导向，有计划的安排和指导，增强了学生课外阅读的自觉性，提高了学生课外阅读的兴趣。二是注重教学模式的创新，采取自主、合作、探究的方式。学生畅所欲言，尽情表达自己的想法和意见，课堂气氛活跃。三是老师注意角色的转换，以平等的参与者身份与学生一起讨论交流，并适时给予点拨指导。这样既培养了学生独立阅读的能力，也使学生能够在学习过程中积累多种阅读方法。

“土壤中分解尿素的细菌的分离与计数”学案设计

阅读教材 P18—19 全部内容。

一、本节聚焦问题。

1. 为什么 LB 培养基上的细菌数量明显多于唯一氮源是尿素的培养基?

2. 涂布平板法分离细菌为什么要稀释样液?

3. 同一浓度下培养出来的细菌数量有较大偏差，原因可能有哪些?

4. 后期数据如何处理?

二、以思维导图或概念图形式表示本节阅读学习内容。

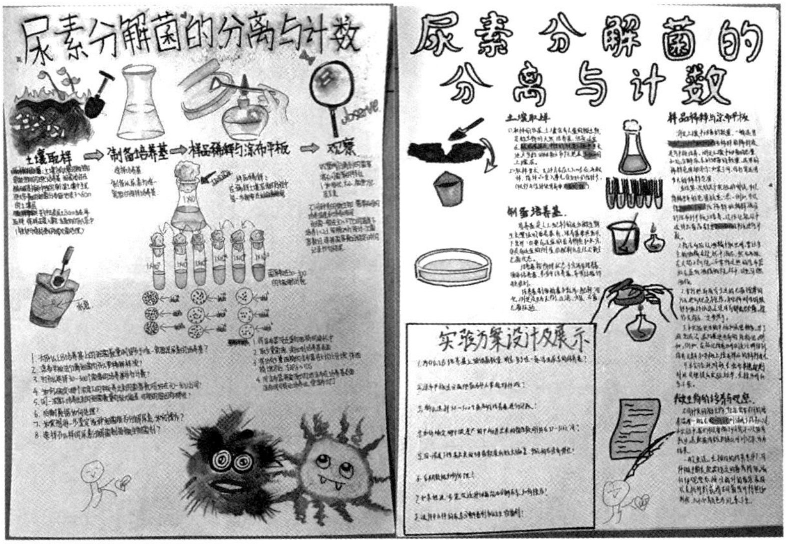

图 8 尿素分解菌的分离与计数概念图

三、学以致用。

思考 1：如果想进一步鉴定该种细菌能否分解尿素，如何操作？

思考 2：为什么选择尿素分解菌制备微生物菌剂？解释原因。

自我检测

一、选择题。

1. 下列关于微生物培养的叙述，正确的是（　　）。

A. 将只允许特定种类的微生物生长的培养基称作选择培养基

B. 利用加入刚果红的含纤维素的培养基培养细菌，根据透明圈大小来鉴别分解纤维素的细菌

C. 可以根据伊红—美蓝琼脂培养基上橙红色菌落的数目，计算出水样中大肠杆菌的数量

D. 用加入酚酞指示剂且以尿素为唯一氮源的培养基培养细菌，若

培养基变红，则该细菌能够分解尿素

2. 物质 W 是一种含氮有机物，W 在培养基中达到一定量时培养基表现为不透明。某小组欲从土壤中筛选出能降解 W 的细菌，结果如图。下列说法错误的是（　　）。

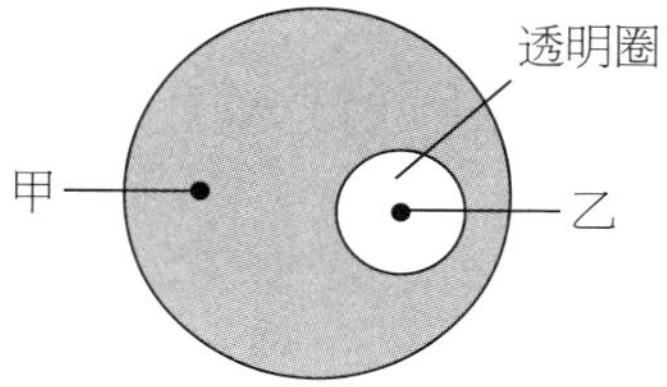

A. 透明圈的形成是因为 W 物质被分解

B. 所用的选择培养基应该以物质 W 为唯一氮源

C. 甲菌落中的细菌可能是利用空气中的氮气作为氮源

D. 乙菌落中的细菌都能降解 W，不需要进一步纯化

3. 下图表示培养和纯化 X 细菌的部分操作步骤。下列相关叙述正确的是（　　）。

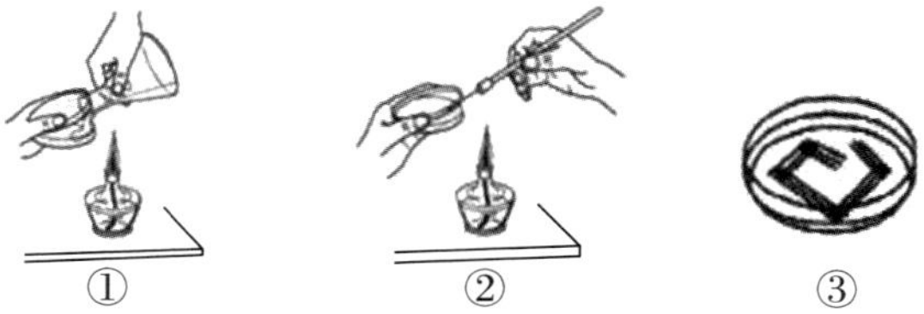

A. 对实验操作的空间、操作者的衣着和手进行灭菌处理

B. 步骤①倒平板操作时，倒好后应立即将其倒过来放置

C. 步骤②应多个方向划线，使接种物逐渐稀释，培养后出现单个菌落

D. 步骤③划线结束后在皿盖上做好标注

答案：1.A　2.D　3.D

二、探究实践。

黄曲霉是一种通过孢子繁殖的腐生真菌，能产生天然致癌物——黄曲霉毒素B1（AFB1），AFB1是一种只含C、H、O的有机物。科研人员通过研究推测，黄海海域沉积物中存在能够抑制黄曲霉生长繁殖并能用于降解黄曲霉毒素的海洋放线菌。

请设计实验筛选出能用于降解AFB1的海洋放线菌，用文字和"→"表示主要过程。

范例①鉴赏6

"植物细胞工程的应用"教学设计片段

教学内容分析	"植物细胞工程的应用"是人教版高中《生物学·选择性必修3·生物技术与工程》第2章最后一节的内容。从单元架构看，本节是单元教学中基于植物细胞工程技术的概念、原理、技术流程对植物细胞工程在生产实践中应用交流的一节课。 从教材内容分析，本节主要讲述了植物细胞工程的应用方式和植物繁殖的新途径，包括快速繁殖和作物脱毒、作物新品种的培育、单倍体育种、突变体的利用和细胞产物工厂化生产五个方面。 从内容载体分析，本节内容不仅适合发展信息观、系统观、物质与能量观、稳态与平衡观、进化与适应观、结构与功能观、科学技术观等生命观念，在概念建构中发展学生的科学思维、技术思维、工程思维，可以培养学生的科学探究能力，提升学生的社会责任意识，提升学生解决生产生活实际问题的能力，而且教材内容平铺直叙，每一项应用方式的阐述均是从简到繁，层层递进。本节内容比较适合作为阅读教学课题材

① 此范例由卫青华老师提供。

续表

教学目标分析	从内容分析，本节课学生需要学到以下内容：快速繁殖、脱毒、次生代谢产物生产、育种等方式的概念、技术原理、技术基本流程、应用优势，能举出应用该种方式的实例。 从概述要求分析，通过分析交流植物组织培养技术在生产实践中的实例，快速繁殖、脱毒、次生代谢产物生产、育种等方式的应用，建构“利用这些方式有效提高了生产效率”这一概念。 从学业要求分析，在构建概念过程中，发展学生的生命观念、科学思维、科学探究和社会责任四项核心素养。在此基础上，针对人类在植物细胞工程领域生产或生活的某一需求，能选取恰当的技术和方法，提出初步的工程学构想，进行简单的设计和制作，也能对日常生活或社会热点中与植物细胞工程有关的话题，进行科学分析		
教学思路	通过问题引领驱动，学生自主阅读学习，分析植物细胞工程应用实例，了解这些应用实例涉及的原理、技术流程和应用的优势；认同植物细胞工程在生产实际中提高了生产效率的重要价值；提升学生的科学思维、技术思维、工程思维，提升学生科学探究能力和社会责任感，强化学生学以致用，运用植物细胞工程技术科学解决生产生活中实际问题的综合能力		
教学环节：问题驱动，自主阅读学习			
教师活动	学生活动	阶段目标	评价方式
问题引领学生回顾植物体细胞杂交技术并思考回答此技术的应用前景；展示评价任务和评价量表；评价实施	回顾旧知，思考回答问题。 熟悉阅读前要回答的问题。接受任务，明确评价标准	根据提问说出植物体细胞杂交技术具体过程和此项技术应用的前景，提升阅读专注度。 明确快速繁殖技术的概念、原理、应用优势	对回答问题的态度、积极性、准确度进行过程性小组赋分、表扬式的鼓励性评价

续表

教师活动	学生活动	阶段目标	评价方式
下发学案任务，问题引领驱动，自主阅读教材，攻克重难点。 同时展示评价任务和评价量表。 组织阅读，在阅读过程中巡视观察指导学生阅读，规范学生阅读行为，评价实施并校正	依据问题进行问题驱动式自主阅读教材并勾勒关键信息，提炼问题答案并进行小组交流。 互动交流，回答问题。 构建植物细胞工程的应用优势概念图	明确单倍体育种的技术流程、每个环节方法、原理、目的，思辨单倍体育种应用优势。 明确作物脱毒技术的最佳选材部位、概念、技术流程、应用优势	对自主阅读过程中的阅读态度是否端正、是否勾勒出关键信息等进行过程性小组赋分、表扬式的鼓励性评价。 借助希沃授课助手进行终结性评价
教学环节：学习成果展示与评价			
教师活动	学生活动	阶段目标	评价方式
说明自主阅读学习成果的展示规则。 聆听各小组学生代表陈述阅读学习的成果，并给予积极的指导性评价。 引导概括，构建概念图或思维导图并阐释	聆听、熟悉规则。 分小组进行成果汇报，进行自我修正和互相评价成果。 聆听，构建概念图或思维导图	按老师要求的课堂成果展示规则完成汇报。 完成本节课关于植物细胞工程的应用阅读学习后的概念图构建或思维导图构建	对学生合作意识、展示过程中的态度、成果质量进行评价。 以问题引领的方式对成果进行师生、生生合作式评价。 以概念图或思维导图的质量对阅读学习成果进行终结性评价

课例分析

本节课采用自学辅导教学模式和学生自主阅读学习方式，在构建概念过程中，发展了学生的生命观念、科学思维、科学探究和社会责任四项核心素养，提升了学生自主学习的能力。在此基础上，利用精准的评价量表，针对人类在植物细胞工程领域生产或生活的某一需求，发现学生能选取恰当的技术和方法，提出初步的工程学构想，进行简单的设计和制作。面对日常生活或社会热点中与植物细胞工程有关的话题，学生也能进行科学分析，基本达到了课时设定的学习目标。

“植物细胞工程的应用”学案设计

阅读教材 P39—41 全部内容，包括旁栏、图解等内容。

一、本节聚焦问题。

1. 快速繁殖技术为什么又叫微型繁殖技术？什么是微型繁殖技术？微型繁殖的原因是什么？微型繁殖技术与传统繁殖技术相比，有何不同？为什么微型繁殖能保持亲本的优良性状？为什么无性繁殖能保持亲本的优良性状？它的应用有哪些实例？分别可以解决什么问题？

2. 要想使作物脱毒，最佳选材部位是哪里？为什么选择该部位？为什么要进行作物脱毒？你还知道哪些作物脱毒的实例？

3. 单倍体育种的技术流程是什么？每个环节运用什么方法、什么原理？目的是什么？与杂交育种相比，单倍体育种应用优势是什么？

4. 细胞产物的种类有哪些？特点是什么？制备细胞产物运用的技术是什么？工厂化紫杉醇的优势有哪些？它的基本流程是什么？细胞产物工厂化生产的实例还有哪些？

二、以概念图或思维导图形式表示本节阅读学习内容。

三、学以致用。

思考1：如果想提高优良品种的草莓产量，采用什么方法增加育苗量？

思考2：品种优良的草莓在同一块地连续栽种多年，可能会因感染病毒而导致产量和品质下降，采取什么措施可以避免这些情况的发生？还有提高草莓品质的其他方法吗？请做具体说明。

思考3：草莓的根、叶、果实中均含有鞣酸，可吸附和阻止致癌物质被人体吸收，利用草莓细胞怎样大量制备鞣酸？

自我检测

1. 下列属于植物微型繁殖技术的是（　　）。

A. 兰花的茎尖组织培育成兰花幼苗

B. 水稻种子萌发并长成新个体

C. 扦插的葡萄枝长成新个体

D. 柳树芽发育成枝条

2. 如图为植物组织培养的基本过程（图中编号代表不同阶段的结构），则制备生产治疗烫伤、割伤的药物——紫草素，应选用编号（　　）。

①—脱分化→②—再分化→③———→④

A. ①　　B. ②　　C. ③　　D. ④

3. 下列关于细胞产物工厂化生产的叙述，错误的是（　　）。

A. 细胞产物的工厂化生产是植物细胞工程的重要用途之一

B. 培养过程中需要脱分化形成愈伤组织，然后悬浮培养愈伤组织细胞

C. 培养的细胞收集后一般要破碎提取有效成分

D. 培养的愈伤组织需要经过再分化产生特定的组织细胞后才能产生特定的细胞产物

4. 如图表示利用棉花叶肉细胞的原生质体进行遗传改良的过程，下列叙述正确的是（ ）。

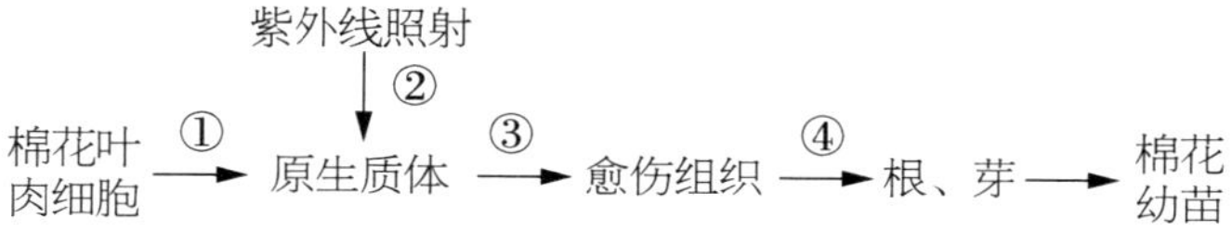

A. ④过程通常会发生性状分离

B. ②过程能定向诱导原生质体产生优良性状的突变

C. ③过程是否再生出细胞壁，可以用质壁分离实验来检测

D. 上述过程中可发生染色体变异、基因突变和基因重组

5. 铁皮石斛是我国名贵中药，生物碱是其有效成分之一。应用组织培养技术培养铁皮石斛拟原球茎（简称 PLBs，类似愈伤组织）生产生物碱的实验流程如图所示。下列相关叙述错误的是（ ）。

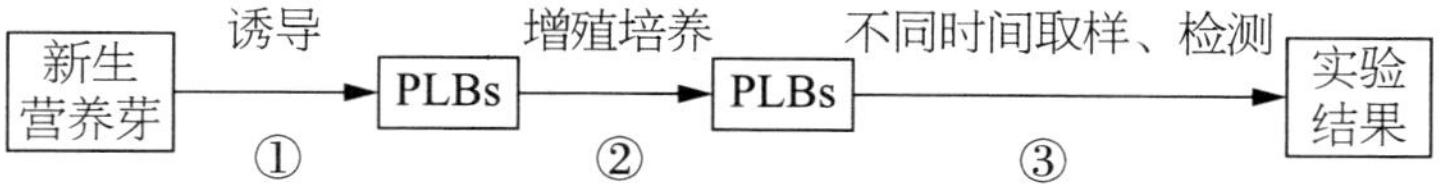

A. 实验前需对外植体新生营养芽进行消毒处理

B. 选用新生营养芽的原因是其分裂能力强、全能性高且几乎不含病毒

C. 过程①为脱分化，PLBs 细胞也具有高度液泡化、呈无定形状态的特点

D. 过程②为再分化，需将 PLBs 培养成完整植株后才能从中提取

生物碱

6. 实践作业（课后尝试完成）。

尝试制作“手指植物”，书写报告并在班级展示交流。

答案：1.A　2.B　3.D　4.C　5.D　6. 略

范例[①]鉴赏 7

“单克隆抗体的制备”教学设计片段

教学内容分析	“单克隆抗体的制备”是人教版高中《生物学・选择性必修 3・生物技术与工程》第 2 章第 2 节“动物细胞工程”中“动物细胞融合技术与单克隆抗体”中的重要内容，也是高考考查的重点内容。因本节教学内容重难点较多，笔者采用拆分小单元的方法，将第 2 节动物细胞工程中第二部分“动物细胞融合技术与单克隆抗体”作为一个小单元，分三课时进行单元教学，而本节内容属于该小单元中的第二课时内容“单克隆抗体的制备”。 “单克隆抗体的制备”作为高考考查的重难点内容，教材中“图 2−16 米尔斯坦和科勒制备单克隆抗体过程的示意图”部分内容模糊，不能很好地让学生理解制备过程中涉及的多种原理，尤其是两次筛选部分，因此笔者采用问题导向式的教材图文阅读和资料辅助阅读的方式，学生自主思考讨论和教师辅助梳理相结合，攻克难点，达到教学目标

① 此范例由曹凯老师提供。

续表

教学目标分析	“技术与工程”模块的教学目标中心在“技术原理、工程流程、技术迁移应用和技术与工程操作实践中的注意事项”，属于程序性、原理性知识，概念性内涵不明显。因此，单元教学目标和课时教学目标都应着重体现上述目标中心。 本节课教学目标设定为：(1)概述单克隆抗体的制备过程、阐述制备杂交瘤细胞的原因及两次筛选的原理，明确筛选方法所对应的操作要点，明确杂交瘤细胞的特点和单克隆抗体的特点。(2)尝试对单克隆抗体制备过程中各操作可能出现的结果及其原因进行合理解释。(3)类比多抗和单抗的特点，认同单抗在疾病治疗中的高效，在对抗新冠病毒中的重要作用，并通过单抗的特点进一步思考它的其他功能
教学思路	通过对新冠肺炎患者重症治疗方法“血清疗法”存在不足的思考，提出如何获得单一性针对新冠S抗原蛋白的高效抗体，引出主题：利用动物细胞融合技术，将浆细胞和骨髓瘤细胞融合，进而得到既能无限增殖又能产生大量专一抗体的杂交瘤细胞，由杂交瘤细胞生产大量的单克隆抗体。 学生自主阅读教材“图2-16米尔斯坦和科勒制备单克隆抗体过程的示意图”，认识单抗制备的整体环节和所应用的技术，在此基础上，教师提供相关片段式学案阅读及问题设定，逐步解决各环节中的原理方法的相关问题。 教师梳理小结，组织学生和教师合作绘制单克隆抗体制备模型图，深化理解杂交瘤细胞和单克隆抗体的特点。在此基础上，教师引导学生思考单克隆抗体因具备特异性强等特点，而在医学上还有什么可能的应用，并布置课后思考和查阅资料的任务

续表

教学环节：问题驱动，自主阅读学习			
教师活动	学生活动	阶段目标	评价方式
说明新冠肺炎重症患者早期被批准用“血清疗法”治疗，但只能应用于重症患者治疗，引导学生思考原因，并提出“大量增殖某一种特定浆细胞，并使其产生一种特定抗体即单克隆抗体”的美好设想。请学生思考怎样利用技术实现这一设想。 说明科学家按照此思路制备出了“单克隆抗体”，并获得了诺贝尔奖。 布置任务：阅读教材“图 2-16 米尔斯坦和科勒制备单克隆抗体过程的示意图”，说出单克隆抗体制备涉及的环节和运用的技术。 给出资料，结合教材图辅助阅读，提出本节课学习的问题： 1. 想从小鼠体内获得分泌针对新冠病毒 S 抗原的抗体的浆细胞（以下均称 B 淋巴细胞），应该怎么做？ 2. 回顾动物细胞融合的方法及原理。 3. 小鼠脾脏中的 B 淋巴细胞与骨髓瘤细胞融合后，如只考虑两两融合，可能得到几种杂交瘤细胞？ 4. 将融合后的细胞接种于 HAT 选择培养基两周后，各类细胞的生存状况如何？ ① B 细胞和 B-B 细胞生存状况如何？ ②骨髓瘤细胞和瘤－瘤细胞生存状况如何？ ③杂交瘤细胞生存状况如何	学生思考原因：血清量少且成分复杂，特异性不强。 学生想到用动物细胞融合技术使浆细胞与癌细胞融合，获得的杂交细胞可融合两种细胞的特性。 明确本节课学习的问题，以问题驱动阅读学习	明确本节课主要的学习任务	评价阅读学习过程的专注程度、阅读过程中关键信息的标注、所设置问题的解答程度

续表

教师活动	学生活动	阶段目标	评价方式
5. 什么是克隆化培养？克隆化培养的目的是什么？ 6. 抗体检测的方法、目的、原理分别是什么？ 7. 为什么抗体阳性检测需要多次？最终得到的杂交瘤细胞有什么特点？ 8. 最终得到的单克隆抗体有什么特点？ 布置任务：20 分钟自主阅读，阅读过程中思考并尝试解答以上问题	以问题任务为线索，自主阅读学习，并完成相应问题	完成教材阅读和资料辅助阅读，依据阅读获取的信息，完成本节课问题	
教学环节：学习成果展示与评价			
教师活动	学生活动	阶段目标	评价方式
明确汇报的规则和要求。安排每小组（平时班级上课有固定分组）派出一名代表口头汇报上述 8 个问题。 对各组同学的汇报进行问题记录并归纳，及时引导其他同学给予评价。 对本节课自主阅读学习过程、专注度和存在的问题给予评价和指导。对各小组汇报者情况和其他同学的补充回答进行评价和分析。 板书整理本节课“单克隆抗体的制备流程”，以结构化的概念图呈现。最后请同学依据单克隆抗体的特点思考单抗的应用	汇报同学完成上述问题的口头汇报，对其他同学提出的问题给予回应。 聆听，对阅读效果、问题解答情况进行自我总结和反思。 聆听教师归纳的思路，并做本节课主干知识概念图整理	完成问题的回答，能对其他同学的汇报发表自己不同的意见或补充意见	问题回答的流利性、思维逻辑的严密程度，对他人问题回应的积极性。 对上述评价方面给予过程性积极评价。 过程性评价。 整理情况的过程性评价和诊断性评价

课例分析

“单克隆抗体的制备”这部分内容，是选择性必修3教材“动物细胞工程”这一节中的重难点内容，本节设计的阅读环节，更像是预习式的阅读或前测式的阅读，非常有意义。意义在于通过自主阅读，化解了很多学习的障碍，熟悉了很多生疏的名词，比如杂交瘤、专一抗体检验、体内培养等。阅读的核心是杂交瘤技术生产单抗的流程示意图，阅读后，学生往往是一知半解，似懂非懂。教师针对疑惑的讲授和解析至关重要。在学习完成后，教师带动学生建立单抗制备的流程模型图，发展学生分析综合、模型建构等科学思维，从流程中体验科学探究的复杂性。通过阅读单抗的资料，学生明白提升医药开发对于抗击新冠肺炎疫情的重要性，并提升社会责任。

“单克隆抗体的制备”学案设计

一、阅读教材图2-16和下面的资料，思考讨论相应问题。

资料1

脾脏是最大的免疫器官，储存了大量的淋巴细胞，小鼠总共约有脾细胞1亿个，其中40%是B淋巴细胞。由于小鼠在生活中易感染多种病毒，如鼠痘病毒、肝炎病毒、仙台病毒等，会接触多种抗原，因此小鼠脾脏中B淋巴细胞的种类比较多。

资料2

研究人员在长期工作中已经获得和保存了适合进行杂交瘤实验的BALB/C小鼠骨髓瘤细胞品系——HGPRT（次黄嘌呤鸟嘌呤磷酸核糖转移酶）或TK（胸苷激酶）缺陷型的骨髓瘤细胞。

资料 3

杂交瘤细胞一般采用 HAT 选择培养基进行筛选。HAT 选择培养基中有三种关键成分：次黄嘌呤（H）、氨基蝶呤（A）、胸腺嘧啶核苷（T），取三者首字母称为 HAT 选择培养基。细胞合成 DNA 有两条途径（如下图）：全合成途径和补救合成途径。全合成途径可被 A 阻断，H、T 可作为补救合成途径的原料，但补救途径需要 HGPRT（次黄嘌呤鸟嘌呤磷酸核糖转移酶）和 TK（胸苷激酶）两种酶的参与。BALB/C 小鼠骨髓瘤细胞缺乏这两种酶，因此无法利用补救途径合成 DNA，另外无增殖能力的浆细胞在培养基中仅能存活 5 ~ 7 天。

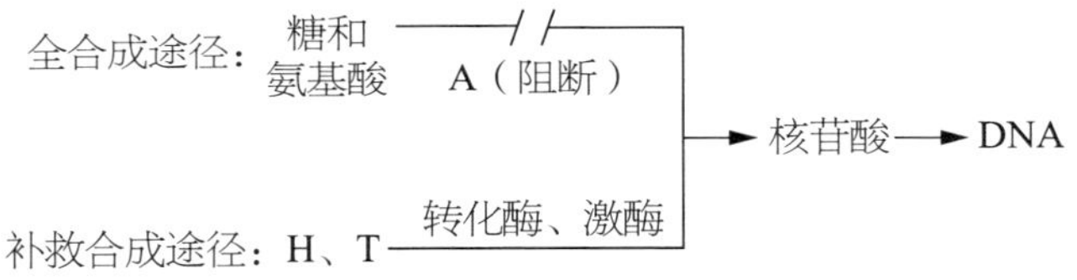

思考：

1. 想从小鼠体内获得分泌针对新冠病毒 S 抗原的抗体的浆细胞（以下均称 B 淋巴细胞），应该怎么做?

2. 回顾动物细胞融合的方法及原理。

3. 小鼠脾脏中的 B 淋巴细胞与骨髓瘤细胞融合后，如只考虑两两融合，可能得到几种杂交瘤细胞?

4. 将融合后的细胞接种于 HAT 选择培养基两周后，各类细胞的生存状况如何?

① B 细胞和 B–B 细胞的生存状况　②骨髓瘤细胞和瘤 – 瘤细胞的生存状况　③杂交瘤细胞的生存状况

资料 4

在选择培养基上存活的杂交瘤细胞可能产生多种抗体，因此需要进行抗体检测。一般利用有限稀释法进行各种杂交瘤细胞的克隆化培养和抗体检测。操作方法：将杂交瘤细胞群用培养液稀释后加入 96 孔培养板中，每孔 0.1ml（稀释后对细胞计数，以保证部分孔中仅有单个细胞，由单个细胞增殖得到的细胞群就是一个细胞克隆，即克隆化培养），培养几天后利用含有特殊标记的特定抗原检测各孔上清液中细胞分泌的抗体，出现特殊标记为阳性孔，阳性孔中的细胞为所需的杂交瘤细胞。但因细胞融合导致的染色体丢失等情况，大部分杂交瘤细胞产生抗体的能力不稳定，所以需要重复筛选几次，直到得到产生抗体特异性强、产量高且稳定的杂交瘤细胞，之后进行扩大培养。

思考：

5. 什么是克隆化培养？克隆化培养的目的是什么？

6. 抗体检测的目的是什么？用什么检测？原理是什么？

7. 为什么抗体阳性检测需要多次？最终得到的杂交瘤细胞有什么特点？

8. 最终得到的单克隆抗体有什么特点？

二、合作画出单克隆抗体制备流程简图。

三、课后作业：依据单克隆抗体的特点，查找关于单克隆抗体应用的资料。

第二节

基于科技文本阅读的教学设计案例

范例鉴赏 8

“细胞的能量与供应”单元复习科技文本阅读教学设计

教学内容分析	文本涵盖的内容和表达的中心旨意分析：文本来自对我国科学家取得成果的科技文献的加工，核心含义是我国科学家通过基因工程技术，创建作物 D1 合成途径，提高植物光合效率，从而提高粮食产量，解决粮食增产问题。 从高中生物相关知识分析，关联植物的光合作用、基因表达、细胞质遗传和基因工程等知识点。文本以我国科学家成就为素材背景，彰显了命题的价值立意。 文本的内容理解难度与大学教材相当，高于高中教材内容，但与高中已有知识衔接度很好，适合学生利用已学知识进行迁移阅读分析。这符合当前高考命题素材背景的“高起点”特点。从 4 个小题的设问考查分析，理解难度又非常吻合高中生的认知水平，体现了“低落点”特点。 该文本是 2020 年北京高考生物科技文本阅读题，文本加工和小题设问都十分科学严谨，无须改编和补充，可在课堂直接用来教学

续表

<table>
<tr><td>教学目标分析</td><td colspan="3">阅读素养专项训练课的教学目标包括三部分：文本能承载的学科核心素养、应试所需的书面表达能力和阅读能力。核心素养目标包括：能从结构与功能观、物质和能量观、稳态和适应观的角度阐释植物 D1 途径的意义；对考查小题设问的问题进行分析、综合，归纳概括，推理归因，提出创造性的意见和想法，回答题目的问题；认同科技是解决粮食等全球问题的重要手段，关注我国科学家在粮食增产科技方面所做出的贡献和成就。
对解答科技文本阅读题方法进行总结和反思</td></tr>
<tr><td>教学策略分析</td><td colspan="3">第一，直接布置阅读文本进行解题的任务，在学生解答科技文本阅读题中发现问题。第二，进行题目解题的订正和解释，由学生分小组汇报完成，同样此阶段还是暴露问题。第三，教师逐题解析，让学生明白自己阅读理解中的问题。第四，结合订正和解析，让学生自己总结反思科技文本阅读题的解答策略，教师根据阅读题解答的时间分配、正确率和解析的详细程度，进行策略和方法的指导。第五，布置文本重构的任务，尝试用概念图或思维导图将文本内容重构，既可复习和拓宽知识体系，又可锻炼阅读解析的能力，同时训练学生高阶的分析、概括、模型建构的能力</td></tr>
<tr><td colspan="4">教学环节：泛读文本，知识归纳</td></tr>
<tr><td>教师活动</td><td>学生活动</td><td>阶段目标</td><td>评价方式</td></tr>
<tr><td>说明本节课学习任务和学习目标。
任务：阅读 2 篇科技文本，完成 4 项任务。
单元知识归纳、题目作答、文本信息图示重构和阅读解题方法总结。
目标：归纳科技文本阅读题答题、解题策略，完成 2 道训练题</td><td>明确本节课学习任务，进行科技文本阅读训练。学习目标是当堂完成一道科技文本题，并总结反思自己解题、作答中的问题，再当堂完成第二道科技文本阅读题的训练</td><td>清晰记住本节课学习任务和目标。

完成对科技文本的泛读、考查问题的精读和文本的精读</td><td>上课听讲的态度、专注力和准备状态。

文本阅读的过程记录情况；题目考查各小题的作答情况</td></tr>
</table>

续表

教师活动	学生活动	阶段目标	评价方式
布置任务1，浏览文本题目、文本大意和考查问题内容，确定关联的单元知识，5分钟完成单元知识整理	自主阅读学习，带着问题进行阅读，并做一定的标记或笔记。 进行文本大意浏览、考查问题浏览，确定关联的单元知识，开始整理概念知识，进行单元知识归纳复习	整理出相应的单元知识：叶绿体结构与光合作用关系；叶绿体半自主性	整理知识是否齐全，内容是否正确
教学环节：问题作答与讲解			
教师活动	学生活动	阶段目标	评价方式
布置任务2，完成解题任务，时间8分钟，全部按考试要求书写答案。 在学生解题时，巡视观察学生阅读、解题和书写情况，汇总学生在科技文本阅读中的方法、技巧问题。 安排学生分组或随机汇报解题答案，并做题目的解析和方法阐述。 听取学生的汇报和阐述，做出评价。汇总学生在阅读、解题、答题和反思过程中的问题	开始阅读作答，在阅读中遇到不清楚或不明白的问题，向老师询问，或将问题记录。 汇报自己的问题作答情况。 就老师的讲解和指导进行笔记整理，向老师询问或与老师讨论	完成文本精读，将问题答案写在相应位置上。 流利完成题目作答，对答案进行阐释。 学会笔记整理，学会聆听反思并总结	书面表达的规范和正确程度。 作答问题过程中的过程性表现。 回答问题的流利状态，思路的清晰状态，作答的正确程度。 课堂讲解中的笔记整理、错误订正等过程的表现性评价

续表

教学环节：文本信息图示重构			
教师活动	学生活动	阶段目标	评价方式
布置课堂任务3，提出科技文本阅读复习中提高阅读能力的重要方法——文本重构或文本图示解析。 示范讲授"文本重构法"在解答科技文本阅读题和练习文本阅读解题中的运用。 （1）泛读时标画重点语句。（2）精读构建文本内容概念图或思维导图。 布置课堂文本重构任务，并对学生文本重构中的问题进行记录和归纳。 讲解和纠正学生在文本重构中的问题	聆听解题方法。 聆听文本信息图示重构方法并做笔记。对疑惑的问题进行交流和问询。 对课堂练习的文本进行文本重构训练。 聆听教师的讲解和相关问题，纠正自己的问题偏差	完成文本信息阅读思维可视化训练。 初步了解阅读文本所用的"文本重构法"，并能对方法进行简单的讲述。 对课堂练习的文本1进行文本重构，以概念图形式展现出来。 提炼自己的文本重构方法	对本节课的阅读文本进行文本重构，画出相应的概念图。 文本重构过程中的方法、习惯点评。 文本信息重构图的完整性、科学性和准确性评价。 归纳出文本重构的思路和方法，并能举例说明
教学环节：阅读和作答策略凝练			
教师活动	学生活动	阶段目标	评价方式
布置课堂任务4，总结自己的阅读策略、阅读技巧、作答策略和作答技巧。 组织学生分享和交流。对科技文本阅读题的阅读策略、技巧以及作答策略和技巧进行总结凝练	总结自己阅读和作答的方法，汇报分享，并能对他人的方法与技巧给予回应、认同或评价。 聆听，做策略和方法的归纳	形成泛读—精读—带问题精读—精读答案的阅读和作答策略	参与讨论交流的过程性评价，积极鼓励所有学生参与。 方法与策略的科学性

续表

教学环节：学以致用，课堂训练			
教师活动	学生活动	阶段目标	评价方式
布置文本2阅读任务，完成一道新的科技文本题的练习，时间8分钟。 完成任务5、6、7，包括知识归纳、题目作答和文本重构。 对文本2解答和文本重构进行测评分析，对阅读作答进行解析指导	文本2的阅读、习题作答和文本重构。 聆听、纠错、总结	完成文本2阅读题，完成任务5、6、7	文本阅读题文本2作答情况和文本重构图的思路

附1：文本内容关联概念知识整理

文本1

叶绿体是植物细胞进行光合作用的场所。光反应发生在叶绿体类囊体薄膜上，类囊体上有光反应所需的酶和色素；暗反应发生在叶绿体基质中，叶绿体基质中有暗反应所需的各种酶。

叶绿体是半自主性细胞器，含有少量的遗传物质DNA。叶绿体内的蛋白质合成由核内基因与自身基因控制合成。

文本2

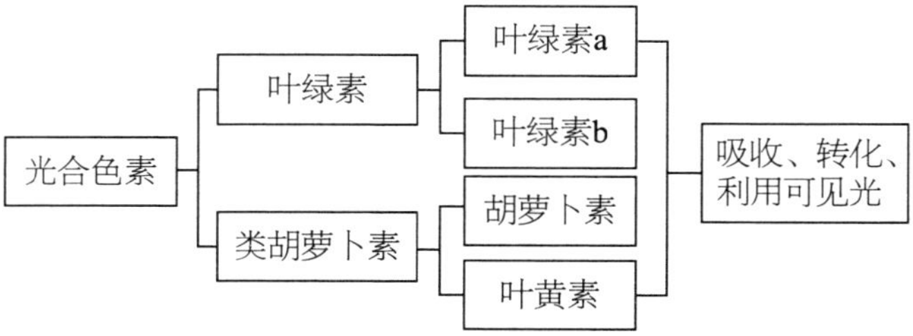

图9

附2：文本信息图示重构

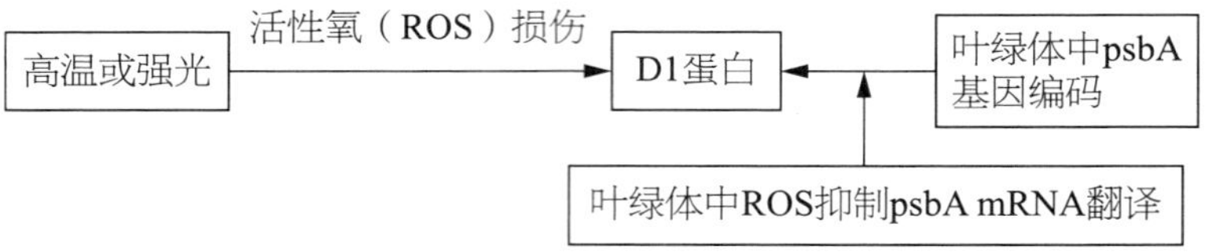

图10

文本1

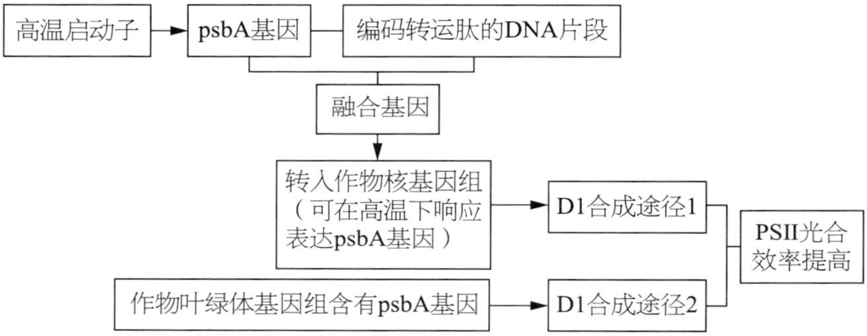

图11

文本2

图12

附3：文本训练考查问题的能力要素分析

文本1分析

（1）小题，在理解能力层次上，考查了对光合作用反应过程和相关物质、结构的辨认与比较，考查了生命观念中的“结构与功能观”。设问以填空形式展现，属于相对容易的考查。

（2）小题，考查了学生获取信息并对“高温导致D1不足”进行归因分析，属于应用能力层次。设问以长句文字叙述表达，或摘录文中关键信息。

（3）小题，考查能力层级为思辨，属于高阶思维能力考查，在布鲁姆学习目标层级里属于“评价”考查，即根据文中信息，对“高温响应的启动子驱动psbA基因表达的优点”进行评价叙述，同时，渗透考查生命观念中的“物质与能量观”，考查了学生科学表述的能力。

（4）小题，设问形式发生了转变，以选择题形式呈现，丰富了试卷的作答形式。考查能力属于理解层次的“辨认、比较和解读”。

文本2分析

（1）将本文信息与已有认知做知识对比，考查能力层次属于理解中的辨认要素。

（2）根据所学知识，光合作用吸收可见光。结合文本信息，某些藻类可吸收不可见的近红外，解释“红色极限”的含义，属于应用能力层次的归因要素考查。

（3）文本信息的获取转化能力，属于应用能力层次中的推理要素。

（4）考查书面表达能力，需要理解层次的比较要素。在已有认知的基础上，加入和补充对叶绿素f的介绍。

附4：文本训练考查问题参考答案

文本1

（1）光　光合色素

（2）高温导致叶绿体内ROS积累，ROS既破坏D1蛋白，又抑制

psb mRNA 的翻译。

（3）高温时，高温响应的启动子驱动 psbA 基因高水平表达，补充高温造成的 D1 不足。

（4）ABC

文本 2

（1）

	叶绿素种类	相应的功能
教材知识	叶绿素 a、叶绿素 b	吸收、利用红光、蓝光
本文知识	叶绿素 f	吸收、利用近红外光

（2）波长大于红光的光波无法驱动光合作用

（3）E

（4）答案样例：叶绿素是进行光合作用的主要色素。高等植物和绿藻细胞中含有叶绿素 a、b，能吸收、利用可见光中红光和蓝光的能量，合成有机物。蓝（藻）细菌中除含有叶绿素 a 外，某些还含有叶绿素 f，可吸收、利用近红外光的能量，合成有机物。

“细胞的能量与供应”单元复习科技文本阅读学案

文本 1【北京市 2020 年高考生物卷科技文本阅读题】

创建 D1 合成新途径，提高植物光合效率

植物细胞中叶绿体是进行光合作用的场所，高温或强光常抑制光合作用过程，导致作物严重减产。光合复合体 PSⅡ是光反应中吸收、传递并转化光能的一个重要场所，D1 是 PSⅡ的核心蛋白。高温或强光会造成叶绿体内活性氧（ROS）的大量累积。相对于组成 PSⅡ的其他蛋白，D1 对 ROS 尤为敏感，极易受到破坏。损伤的 D1 可不断被新合成的D1取代，使PSⅡ得以修复。因此，D1在叶绿体中的合成效率直接影响PSⅡ的修复，进而影响光合效率。

叶绿体为半自主性的细胞器，具有自身的基因组和遗传信息表达系统。叶绿体中的蛋白一部分由叶绿体基因编码，一部分由核基因编码。核基因编码的叶绿体蛋白在N端的转运肽引导下进入叶绿体。编码D1的基因psbA位于叶绿体基因组，叶绿体中积累的ROS也会显著抑制psbA mRNA的翻译过程，导致PSⅡ修复效率降低。如何提高高温或强光下PSⅡ的修复效率，进而提高作物的光合效率和产量，是长期困扰这一领域科学家的问题。

近期我国科学家克隆了拟南芥叶绿体中的基因psbA，并将psbA与编码转运肽的DNA片段连接，构建融合基因，再与高温响应的启动子连接，导入拟南芥和水稻细胞的核基因组中。检测表明，与野生型相比，转基因植物中D1的mRNA和蛋白在常温下有所增加，高温下大幅增加；在高温下，PSⅡ的光能利用能力也显著提高。在南方育种基地进行的田间实验结果表明，与野生型相比，转基因水稻的二氧化碳同化速率、地上部分生物量（干重）均有大幅提高，增产幅度在8.1% ~ 21.0%之间。

该研究通过基因工程手段，在拟南芥和水稻中补充了一条由高温响应启动子驱动的D1合成途径，从而建立了植物细胞D1合成的“双途径”机制，具有重要的理论意义与应用价值。随着温室效应的加剧，全球气候变暖造成的高温胁迫日益成为许多地区粮食生产的严重威胁，该研究为这一问题提供了解决方案。

（1）光合作用的________反应在叶绿体类囊体膜上进行，类囊体膜上的蛋白与________形成的复合体吸收、传递并转化光能。

（2）运用文中信息解释“高温导致D1不足”的原因。

（3）若从物质和能量的角度分析，选用高温响应的启动子驱动psbA基因表达的优点是：________________________________。

（4）对文中转基因植物细胞D1合成“双途径”的理解，正确的叙述包括________。

A. 细胞原有的和补充的psbA基因位于细胞不同的部位

B. 细胞原有的和补充的D1的mRNA转录场所不同

C. 细胞原有的和补充的D1在不同部位的核糖体上翻译

D. 细胞原有的和补充的D1发挥作用的场所不同

E. 细胞原有的和补充的D1发挥的作用不同

任务1：浏览文本大意和四个小题，整理文本内容和考查问题相关的单元知识。

任务2：阅读材料，作答（1）~（4）题。

任务3：对文本信息进行图示重构。（思维导图或者概念图）

任务4：根据任务2解题总结和课堂指导，写出在科技文本阅读题解题中存在的问题与自己的阅读和解题思路。

文本2【北京市2020年等级性考试生物模拟二】

阅读下面的材料，完成（1）~（4）题。

***Science*发表的这项新发现会导致教科书重写吗？**

据报道，研究人员发现了一种新型的光合作用——利用近红外光进行的光合作用，研究成果于2018年6月在《科学》杂志网站发表。

地球上绝大多数的放氧光合生物在光合作用过程中利用的都是可见光，但这种新类型光合作用利用的是近红外光，它广泛存在于蓝（藻）细菌（cyanobacteria，blue-green algae）中。研究人员在澳大利亚赫伦岛海滩岩石表面之下几毫米处发现了含有叶绿素f的蓝（藻）细菌，它们在缺少可见光的条件下也可以借助近红外光生长。

常见的光合作用利用来自红光的能量驱动。这一特征存在于我们已知的所有植物、藻类中，因此人们认为红光的能量为光合作用设定了“红色极限”。

然而，当一些蓝（藻）细菌在近红外光下生长时，常见的工作系统关闭了，取而代之的是叶绿素f（chlorophyll-f）的系统。在此研究成果公布之前，人们一直认为植物中的叶绿素f只起捕获光能的作用。新的研究表明，在荫蔽或者光线较暗的条件下，叶绿素f在光合作用中起着关键作用，利用低能量的近红外光来进行复杂的化学反应，这就是“超越红色极限”的光合作用。在新的光合作用工作系统中，通常被称为“辅助色素”的叶绿素f，实际上是在执行关键的化学步骤，而不是教科书所描述的发挥辅助作用。

研究人员彼得·伯林森评价：这是光合作用的一个重要发现，它突破了我们对生命的理解，比尔·卢瑟福教授和英国伦敦帝国理工学院的研究团队应该得到祝贺，因为他们揭示了光合作用基础过程的一个新途径。

这一发现改变了我们对光合作用基本机制的认识，教科书中的相关内容应该重写；它扩大了我们寻找外星生命存在的范围，并为培育更有效利用光能的作物新品种提供了参考。

（1）将你学过的光合作用知识与本文中介绍的新知识进行比较，将不同之处填入下表。

	叶绿素种类	相应的功能
教材知识	________	________
本文知识	________	________

（2）请解释上述材料中“红色极限”的含义：________。

（3）本项研究最重要的发现是：________。

A. 存在一种新的叶绿素——叶绿素 f

B. 具有叶绿素 f 的生物中没有其他叶绿素

C. 叶绿素 f 具有吸收近红外光的作用

D. 叶绿素 f 在光合作用中起辅助作用

E. 叶绿素 f 可作为关键色素转换光能

（4）请结合本文撰写一段文字，作为教科书中介绍叶绿素的内容。（120 字以内）

任务 5：完成上述小题作答。

任务 6：对文本关联知识进行整理归纳。

任务 7：进行文本信息图示重构。

范例鉴赏 9

“发酵工程”单元复习科技文本阅读教学设计

教学内容分析	高中生物学人教版选择性必修 3 第 1 单元“发酵工程”包括 4 节内容，分别是“传统发酵技术的应用”、“微生物的培养技术及应用”、“微生物的选择培养及计数”和“发酵工程及其应用”。在 2020 年修订版课标中，本单元的大概念是“发酵工程利用微生物的特定功能规模化生产对人类有用的产品”。在规模化生产对人类有用产品或为人们生活服务时，选择培养特定功能的微生物是重要途径。本节课课堂学习训练的两篇科技文本主旨均与课标大概念一致，文本内容与本单元第 2 节、第 3 节和第 4 节都密切相关，涉及菌种的代谢类型、培养、选育和发酵过程中的条件控制等。文本题目分别是《厌氧膜生物反应器处理高浓度有机废水的研究》和《“绿色塑料”——“白色污染”的终结者》。两篇文本均有图像，前者的图像是装置图，

续表

教学内容分析	后者的图像是示意图。从阅读字数和阅读难度，再到问题考查的难易度分析，两篇科技文本的难易度均属于中等程度，学生在充足的时间里是能熟练、流利地阅读并作答的
教学目标分析	单元复习时的科技文本阅读训练，其目标指向两方面：一是单元概念知识的复习，二是科技文本阅读能力的培养。因此本节课教学目标定为：（1）根据题意和文中信息，设计相应的菌种选育培养思路；（2）能标记出文中关键信息并整合，完成相关问答题；（3）对文本中的问题进行科学的论证和推理；（4）总结出适合自己的科技文本阅读解题方法
教学策略分析	根据文本题目和文本大意，对关联单元知识进行归纳陈述，做总结性复习。对两篇科技文本的阅读训练讲评中学生暴露的阅读方法问题，进行针对性指导和方法技巧的凝练，在评价检测中应用方法技巧，实现阅读思维品质的提升。第一个环节，根据文本题目和文章大意、考查问题，对单元知识进行归纳复习。第二个环节，限时训练完成微生物发酵有关的科技文本阅读题，在阅读过程中，观察、收集和归纳阅读过程中暴露的阅读问题和作答问题。第三个环节，阅读测评题讲解，在讲解中对共性的问题针对性地逐一剖析，学生完成作答错误或者阅读不充分的理由陈述。第四个环节，针对阅读和作答过程中表现出的问题，进行方法和技巧的归纳整理。第五个环节，阅读思维深度发展，将文本中信息进行图示化转换，以概念图形式或者思维导图形式展示出来。第六个环节，完成相同单元内容的一篇新的科技文本的训练，阅读、作答、图示转换、方法提炼

续表

教学环节：泛读文本，知识归纳			
教师活动	学生活动	阶段目标	评价方式
明确本节课学习目标：（1）通过科技文本阅读题复习单元概念知识。（2）完成一道科技文本阅读题，反思阅读作答中的问题，提炼科学阅读作答方法。（3）完成另一篇科技文本阅读训练。 布置任务，根据文本大意确定单元关联知识，并进行思维导图整理	聆听本节课学习目标。 根据文本考查题目和文本大意，归纳微生物结构功能、培养及其应用的知识	明确本节课学习的3个目标。 用概念图或思维导图整理微生物结构功能、微生物培养、选择计数相关的概念知识	过程性评价，课堂专注度。 整理过程，思维导图中概念的齐全和正确程度
教学环节：问题作答与讲解			
教师活动	学生活动	阶段目标	评价方式
布置第一篇文本阅读《厌氧膜生物反应器处理高浓度有机废水的研究》。 收集整理学生阅读和作答过程中出现的问题	限时8分钟左右，进行文本阅读和作答	完成文本的阅读和作答	考查问题作答的正确性、作答时间以及阅读和作答过程中的表现
教学环节：文本信息图示重构			
教师活动	学生活动	阶段目标	评价方式
布置任务，点明目的。 将文本信息大意用思维导图或概念图表达。 将阅读中的思维过程可视化、外显化	聆听要求，对文本信息和文本大意用概念图或思维导图重构。 根据教师的引导，从三个方面总结自己的阅读策略	完成对文本信息的图示重构。 寻找答题出错的原因，在正确作答过程中巩固概念、思路和阅读方法	文本信息重构的过程性评价，思维导图或概念图的完成程度

续表

教学环节：阅读和作答策略总结			
教师活动	学生活动	阶段目标	评价方式
讲评阅读题的4个考查小题。 讲评中关注作答错误的情况，与学生交流、分析答错的原因。 归纳学生作答中的问题，引导学生从四方面总结方法：（1）阅读整体策略。（2）阅读过程关键信息处理。（3）后两个小题中论证或设计考查的长句表达。（4）问题作答后的阅读检查	回答教师提出的问题，阐述自己书写的答案，能就错误答案分析原因，与同学和老师交流	形成自己的科技文本阅读题阅读和解答的科学方法	表达与交流的过程性评价，自我反思和纠错的过程性评价。肯定作答正确率高的同学和解题方法科学的同学。 总结阅读策略和方法的过程性评价
教学环节：迁移应用，课堂测练			
教师活动	学生活动	阶段目标	评价方式
进一步就文本信息图示重构与阅读策略、方法总结归纳。布置相同单元内容的新一篇科技文本《“绿色塑料”——“白色污染”的终结者》，进行课堂训练，检测提炼的技巧方法	聆听科技文本阅读题阅读和作答策略与技巧。 完成关于微生物培养的科技文本阅读题	笔记整理科技文本阅读题的策略与方法。 完成课堂科技文本阅读题的阅读作答	整理笔记的过程和成果。 文本阅读作答的过程和问题作答的正确性

附 1：文本特征分析即关联概念知识整理

文本 1

厌氧条件下分解有机废水的微生物代谢类型是异养厌氧型，在生态系统中属于分解者组成成分，通过分解作用促进生态系统的物质循环和能量流动。高盐条件下，微生物因失水或蛋白质变性失活。将微生物分解多种有机废物的基因转入同一微生物中，将转基因微生物接种到以有机废水为唯一碳源的培养基中，选育分解能力最强的菌种。利用微生物分解有机废水具有环保、低污染的优点。

文本 2

分解有机塑料的微生物代谢类型属于异养需氧型。噬菌体侵染细菌需要识别宿主细胞特定的蛋白质受体，具有特异性。选择嗜盐微生物的思路是以高浓度培养基为选择培养基，然后选取菌落直径大的进行扩大培养。通过基因工程手段改变细菌的相关基因，可改变代谢路径、细胞形态，从而获得相关性状。

附 2：文本信息图示重构

文本 1

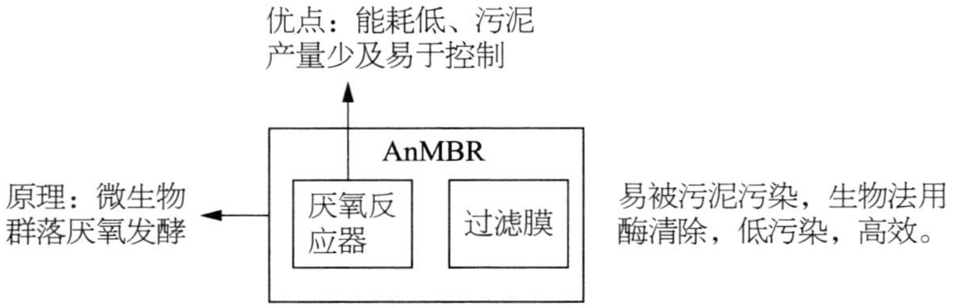

图 13

文本 2

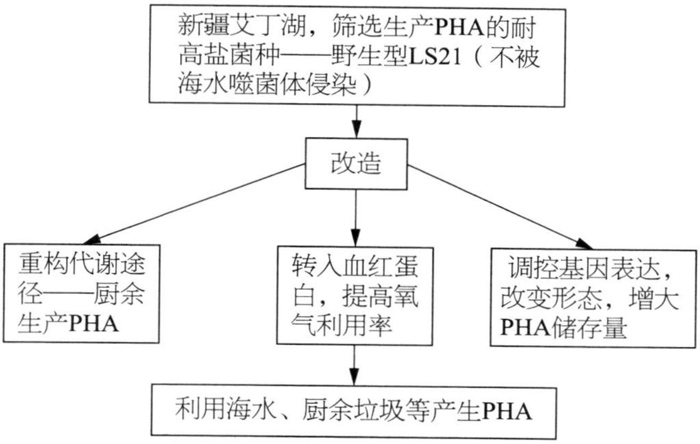

图 14

附 3：文本训练考查问题的能力要素分析

文本 1 分析

第（1）小题第一个空考查微生物在废水处理过程中的作用，即分解作用，属于考查对微生物代谢类型和分解者成分的理解能力，属于辨认和解读的要素。第二个空考查对分解作用的解读。

第（2）小题考查高盐条件对蛋白质变性的归因分析，属于应用能力层级的归因要素。

第（3）小题考查通过基因工程技术和微生物选育技术，培育出分解多种有机污染物的工程菌，属于创新能力层级的设计要素。同时考查学生对生物学观点和思路的书面表达能力，即科学表达能力。

第（4）小题考查生物方法去除膜结构污染的优点，属于思辨能力层级的评价要素。

文本2分析

第（1）小题考查分解有机塑料的微生物的代谢类型，属于理解能力层级的辨认要素。

第（2）小题考查噬菌体作为细菌病毒在侵染细菌时，须通过与细菌表面的受体结合，具有侵染的特异性。海洋噬菌体对陆地咸水湖中的细菌不具有侵染性。考查上述不能侵染陆地咸水湖细菌的原因，属于应用能力层级的归因要素。

第（3）小题，设问以思辨形式设计，属于思辨能力层次的论证要素。需将文中信息获取、加工、分析和综合后整理成相应的筛选思路，同时需要依据微生物分离的核心主干知识。阐明筛选思路。

第（4）小题，设问以推理形式设计，属于应用能力层次的推理要素。首先需要将文中“改造点”确定，并整理相应信息；其次结合基因表达等核心主干知识，确定改造后的细菌检测指标。

第（5）小题，设问以解读形式设计，属于理解能力层析的解读要素。需要将段落中的关键词根据前后句逻辑和表达意思进行解读，同时考查学生书面表达能力。

第（6）小题，设问以设计形式设计，属于创新层次的设计要素。根据题意和核心主干知识，对现实背景下的问题进行实验或方案的设计，同时考查学生书面表达能力。

附4：文本训练考查问题参考答案

文本1

（1）分解　　ac

（2）较高盐度会使厌氧微生物失水或酶的活性受抑制

（3）将不同菌中分解不同有机污染物质的相关基因导入同一微生

物；用仅以有机污染物为碳源的选择培养基培养转基因的微生物；经筛选得到分解有机污染物效果最好的超细菌（工程菌）。

（4）酶制剂没有二次污染，而且对膜不产生损害；酶制剂可以反复利用；酶制剂效率高。（以上内容写出一项即可）

文本 2

（1）异养需氧型

（2）噬菌体侵染细菌具有专一性，噬菌体侵染细菌需要与细菌表面某些特定物质识别，海水中的噬菌体不能识别 LS21

（3）取湖水→涂布在（高盐）培养基上→培养→挑取单菌落种，分别扩大培养→检测菌的数目和 PHA 产量→获得目标菌株

（4）PHA 产量、氧气利用效率、发酵底物的多样性、菌体形态大小

（5）抑制　　维持细胞形态

（6）①抑制目标菌的群体效应；②将厂房建在海边，降低海水运输成本；③改进 PHA 提取方法；④寻找更广泛、更廉价的发酵底物；⑤进一步研究和优化代谢途径。

附 5：解题策略指导

解题中运用泛读—精读（标画关键信息）—问题引领精读—对答案进行精读的策略。首先，浏览一遍文章内容，掌握段落逻辑结构，了解文章大意、文本的形式和文本的理解难度。其次，精读文本，标画关键信息，尤其是结论性语句，以及新的原理、方法、功能等。再次，认真研读各小题问题，再寻找相关信息进行精读并作答。最后，对自己的答案进行精读，主要是查看有无信息遗漏或者解答错误的情况，此次精读顺带对答案进行检查，尤其是检查书面表达中有无错别字和逻辑问题。

“发酵工程”单元复习科技文本阅读训练学案

文本1【北京市西城区2019—2020学年度第一学期期末试卷】

厌氧膜生物反应器处理高浓度有机废水的研究

随着科学技术和生物工程的发展，微生物作为污水的“清道夫”应用越来越广泛。微生物能够快速繁殖，分解污染物并将其转化为无害物质，实现对污水的高效处理。

在现有的各类污水处理技术中，好氧生物处理技术发展较为成熟，但存在能耗高、污泥产量高以及资源回收率低等缺点。厌氧生物处理是厌氧微生物利用有机废水中的有机质作为自身营养物质，在适宜的条件下（如合适的温度、pH等）将其转化为沼气的过程。后者具有能耗低、污泥产量少及易于控制等优点。

厌氧膜生物处理技术结合了厌氧生物处理与膜过滤系统，成为处理高浓度有机废水的研究热点。厌氧膜生物反应器（AnMBR）是此项技术的实际应用，其工作过程分为厌氧消化与膜过滤两个阶段，具体装置如图所示。

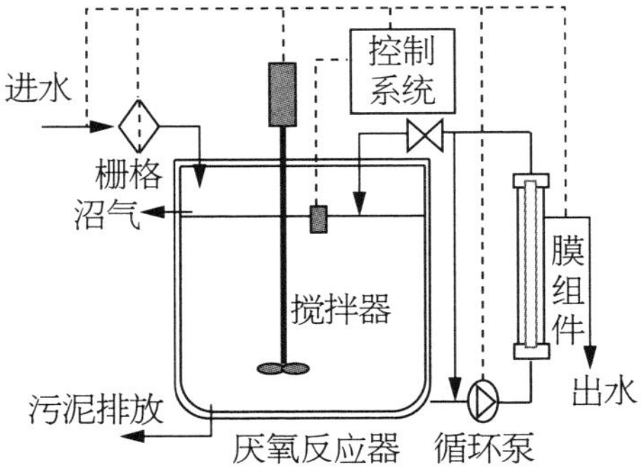

厌氧消化过程是由厌氧微生物所进行的一系列生物化学的耦合反应。由于厌氧反应器内部各区域的差异，非产甲烷细菌、产甲烷细菌

出现有规律的演替，通过各种群之间的相互利用、相互制约，构成一个相对稳定的微生物群落，从而保证了生物代谢过程的正常进行。厌氧反应器是AnMBR的核心装置之一，其设计必须保证微生物停留的时间足够长，这样才能减少污染物与膜的接触，减少膜污染的发生。

选择合适的膜材料和膜组件是反应器设计的关键。应用于AnMBR的膜材料可分为3种形态：疏水性有机聚合膜、金属膜和非金属膜（陶瓷膜）。膜污染是各类膜生物反应器技术都面临的难题之一。在污水处理过程中，反应器中的物质（水溶性有机物、细胞裂解产物和无机沉淀物等）会在膜孔、膜表面沉积，形成膜垢。膜结垢后使得整个操作系统的稳定性和可靠性减小，从而降低了反应器的处理效能。解决这些问题的方法除了更换膜，还可以对膜进行清洁。物理法清洁主要包括反冲洗、表面冲洗和超声波处理；化学法是指运用特定的试剂（酸、碱和氧化剂等）来去除膜的污染；生物法是指采用酶制剂来清洗膜污染物中的有机污染物。

如果能有效解决AnMBR目前存在的各种问题，此技术将在污水处理方面发挥更大的作用。

（1）根据材料信息可以看出，厌氧膜生物处理技术是利用微生物的________作用和膜的过滤功能，有效处理高浓度有机废水。应用此技术可以________（选择下列序号填写），实现环境与经济效益的双赢。

a. 促进物质循环再生

b. 促进新物种的产生

c. 提高人类对生态系统能量利用的效率

（2）研究发现，用AnMBR处理海产品加工的高盐度废水时，常常出现处理效果差、去除速度低等现象，可能的原因是________。

（3）科研人员欲利用现有能分解不同有机污染物的各菌种和基因

工程技术，培育出一种能同时高效降解多种有机污染物的超级菌，用以提高 AnMBR 处理废水的能力。请简述培育思路。

（4）结合文中信息分析，与物理法和化学法清洁膜相比，生物法清洁膜的优势。

任务 1：浏览以上文本大意和 4 个小题，整理文本内容和考查问题相关的单元知识。

任务 2：阅读材料，回答（1）~（4）题。

任务 3：对文本信息进行图示重构。（以思维导图或者概念图形式）

任务 4：根据任务 2 进行解题总结和课堂指导，写出在科技文本阅读题解题中存在的问题，以及自己的阅读和解题思路。

文本 2【顺义区 2020 届高三第二次统练生物试卷】

“绿色塑料”——“白色污染”的终结者

由聚苯乙烯、聚丙烯、聚氯乙烯等制成的塑料制品引发的“白色污染”一直是人类社会面临的一大难题。聚羟基脂肪酸酯（PHA）是由细菌合成的一种胞内聚酯，可作为细菌的储能物质，也可作为家畜的饲料来源，同时它具有类似于合成塑料的理化特性，且废弃后对环境无害并易被生物降解，因此有广阔的应用前景。

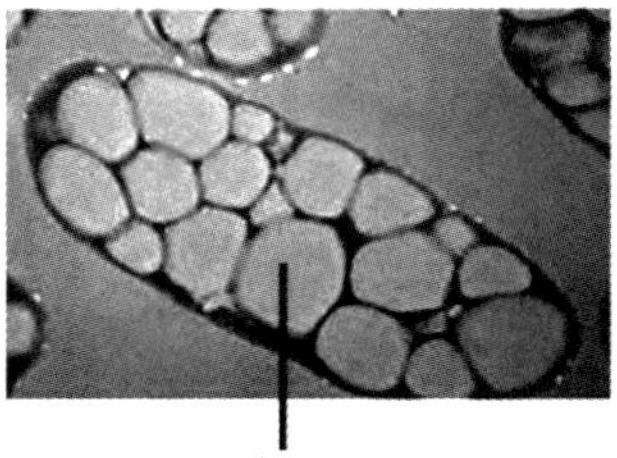

嗜盐细菌生活在咸水中，能产生 PHA，若选为目标菌种，则可用海水替代淡水作为发酵溶剂，节约大量淡水资源。从海水中获取的嗜

盐菌种易被海洋中数量巨大的噬菌体侵染，因此不能用于工业生产。新疆的艾丁湖湖水盐浓度高达200g/L，此地酷热干燥，科学家从中找到了可能用来生产PHA的菌种——野生型LS21。

菌种生产PHA需要用到脂肪酸、丁酸等成本较高的底物。科研人员重构了菌种的底物代谢途径，可用廉价糖类甚至餐余垃圾直接合成PHA，并通过一定技术手段调控代谢途径，实现PHA产量的优化。菌种对氧气的利用率很低，发酵后期随着细胞密度的上升，鼓入的空气难以满足细胞对氧气的需求，整个发酵体系会一直处于低氧状态。科研人员通过基因工程手段给其配备血红蛋白，提高菌种对氧气的利用率，降低能耗的同时也提高了底物转化率。

对微生物细胞形态的改造也可提高PHA合成效率。例如，过表达SulA基因可以阻遏细胞的正常分裂，使得细胞变成狭长的线形，增大的胞内空间使PHA积累量提高27%；敲除细胞骨架蛋白基因MreB，并在低拷贝质粒上弱表达MreB，可以减弱细胞壁强度，当胞内有PHA积累时则撑大了细胞体积，从而增加PHA的积累空间。菌体的增大使其可以通过自然沉降而分离，进而降低了提取PHA的成本。

当菌种达到一定密度后，会引发群体效应（QS），菌群释放AHLs（信号分子）与相应受体蛋白结合，影响PHA合成相关基因的表达，进而降低PHA产量。

（1）生产“绿色塑料”目标菌种的代谢类型是________。

（2）从艾丁湖中找到的野生型LS21不会被海水中的噬菌体所侵染，从细胞成分和结构角度分析原因________。

（3）从艾丁湖中筛选野生型LS21的基本流程是________。

（4）结合本文信息，写出“改造后的目标菌种”的筛选指标________。

（5）SulA蛋白是细胞分裂________（抑制 / 促进）因子。文中可得出细胞骨架的功能是________。

（6）PHA 目前的商业生产价格为每千克 2.2 ~ 5.0 欧元，而聚丙烯塑料的价格仅为每千克 1.0 欧元。请提出两种可能继续降低成本的设想________。

任务 5：作答上述小题。

任务 6：对文本关联知识进行整理归纳。

任务 7：进行文本信息图示重构。

范例[①] 鉴赏 10

科技文本《光合产物如何进入叶脉中的筛管》阅读专项复习教学设计

教学内容分析	从文本涵盖的内容分析，文本来自科研人员的科技文献研究成果，是将科技文献浓缩加工形成的，核心含义是科研人员通过对光合产物进入筛管的方式研究，揭晓了蔗糖进入筛管的 SU 载体途径，并发现 SU 载体或与光合产物在植物体内的分配有关联，对进一步提高作物产量有研究价值。 从高中生物相关知识分析，关联植物体结构、植物细胞结构、物质进出细胞的方式和植物生命活动调节等知识点。文本的内容理解难度高于高中教材，低于科研文献和大学教材，且通过图文结合的形式降低了阅读难度。内容与高中已有知识衔接较好，适宜学生利用已学知识进行迁移阅读分析。文本虽讲述学生未学过的未知机理，但内容原理均与教材内容息息相关，在已有知识的基础上对该过程原理理解和作答不难，且此题设置填空均为学生已知大概念，符合当前高考命题“高起点”“低落点”的特点，实现对学生知识迁移能力的考查。 文本是 2021 年北京高考生物科技文本阅读题，文本加工和小题设问都十分科学严谨，无须改编和补充，可在课堂中直接用来教学

① 此范例由曹凯老师提供。

续表

教学目标分析	阅读素养专项训练课的教学目标包括三部分：文本体现出的学科核心素养、阅读理解能力和应试所需的书面表达能力。核心素养目标包括：从结构与功能观、物质和能量观、信息观的角度理解光合产物进入筛管的另一种途径，且可能通过调节 SU 载体的含量，影响植物体内光合产物的分配规律；对考查小题问题进行分析、理解、辨认、比较，结合高中所学知识，用专业名词进行科学作答；认同科学研究发现是蝴蝶的翅膀可能引起一系列重要的规律揭示和生产应用，如提高作物产量。 对解答科技文本阅读题进行方法总结和反思		
教学思路	第一，布置文本阅读任务，限时解答，学生在阅读中思考并通过解答问题暴露出概念模糊、文本理解能力不足和关键信息获取能力不足等问题。第二，学生分小组汇报作答情况，通过小组互评暴露和解决部分问题。第三，教师对各题依次解析，梳理关于物质进出细胞的方式的各概念界定，指导学生文本阅读方法，应对关键词的把握圈画等。第四，结合订正和解析，学生反思总结文本阅读技巧及文本阅读答题策略。第五，教师根据阅读解答的时间分配、解答的正确率和解析的详细程度，进行策略和方法的指导，并布置文本重构的任务，指导学生用概念图或思维导图将文本内容重构，既能复习和拓宽知识体系，又能锻炼阅读解析的能力，同时训练学生高阶的分析、概括、模型建构的能力		
教学环节：阅读科技文本并解答问题，汇报答案并解析			
教师活动	学生活动	阶段目标	评价方式
点明本节课学习任务和学习目标。 任务：完成 2 道阅读题，讲评总结第 1 道题。 目标：在反思总结科技文本阅读题的解题策略后，能较好完成第 2 道题的训练	明确本节课学习任务是进行科技文本阅读训练，学习目标是当堂完成 1 道科技文本题，并总结反思自己解题中出现的问题，完成第 2 道科技文本阅读题，进行训练提升	明确本节课学习任务和目标。 依次完成对科技文本的泛读—考查问题的精读—文本的精读	上课开始时专注力、准备状态等。 文本阅读的过程记录情况；各小题的作答情况

续表

教师活动	学生活动	阶段目标	评价方式
布置任务：完成第1道阅读题的解答，提出时间限制8分钟及书写要求规范整洁。 学生解题当中，巡视观察学生阅读、解题和书写情况，汇总学生在科技文本阅读中的方法、技巧问题。 安排学生分组或随机汇报解题答案，并做解题的解析和方法阐述	进入自主阅读学习，进行问题引领式阅读，并做出标记。 在阅读中遇到不清楚或不明白的问题，向老师询问，或将问题记录标记。 小组派代表说明各题答案及解答思路	汇报题目答案和对答案进行阐释	回答问题的流利状态，思路的清晰状态，作答的正确程度，书面表达的规范和正确程度
教学环节：订正答案，质疑反思，策略方法指导			
教师活动	学生活动	阶段目标	评价方式
引导学生之间展开小组互评、质疑和反思，并对答案进行修改订正。 听取学生的汇报和阐述，做出评价。 汇总学生在阅读、解题、答题和反思过程中的问题。 引导概括、构建概念图并阐释	在每一小组汇报完后，其他小组同学提出质疑，最后全体反思得出相对正确的答案和解题思路。 聆听，概念建构	质疑、反思、修正答案，将答案和解题思维向标准答案靠近。 完成对物质进出细胞的方式即自由扩散、协助扩散和主动运输所需结构、条件的区分，完成对胞间连丝这一特殊植物细胞结构的功能的说明，理解植物信息传递方式的多样性。 完成本节课关于物质进出细胞的方式阅读学习后的概念图构建或思维导图构建	对展示过程中的态度、表现、成果进行评价。 以提问的方式对成果进行答辩式评价。 以完成概念图的质量评价阅读学习成果

续表

教学环节：文本重构			
教师活动	学生活动	阶段目标	评价方式
提出科技文本阅读复习中提高阅读能力的重要方法——文本重构。 讲授“文本重构法”在解答科技文本阅读题时的策略和方法。泛读时注意把握关键词、关键句，并做出相应标记。 精读后应能构建文本内容概念图或思维导图。 布置文本重构任务，并观察学生文本重构中遇到的困难和问题，依次做出记录，汇总后讲解和纠正学生在文本重构中的问题	聆听解题方法。 聆听例题解析和示范讲解，并做笔记。 对疑惑的问题进行交流和问询。 对所做的科技文本阅读题进行文本重构训练。 聆听教师的讲解和相关问题，纠正自己的问题偏差	初步了解阅读文本所用的“文本重构法”，并能对方法进行简单的讲述。 完成对所训练文本阅读的文本重构。以概念图形式展现出来	对本节课的阅读练习文本进行文本重构，画出相应的概念图。 归纳出文本重构的思路和方法，并能举例说明
教学环节：学以致用，课堂训练			
教师活动	学生活动	阶段目标	评价方式
布置任务：完成一道新的科技文本题的练习，做题时间为 8 分钟	文本 2 的阅读、习题作答和文本重构	完成文本 2 阅读题及文本重构	文本阅读题文本 2 作答情况和文本重构图的思路

续表

教师活动	学生活动	阶段目标	评价方式
完成题目所设问题和本篇阅读的文本重构。 对文本 2 问题解答和文本重构进行讲解和方法、思路的指导	聆听、纠错、总结		

附 1：文本重构图

文本 1

文本内容梳理图

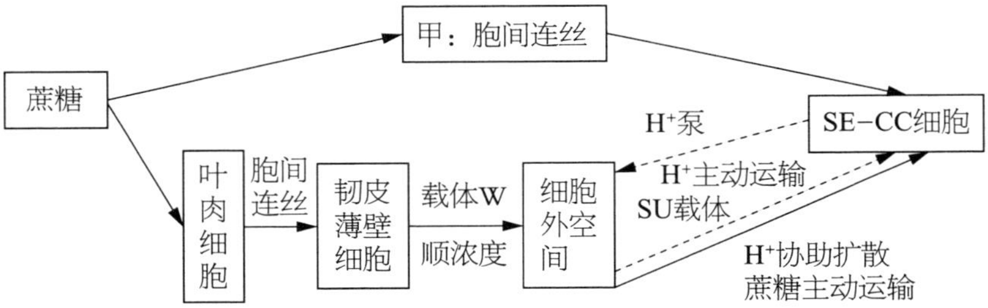

图 15

文本关联学科知识图

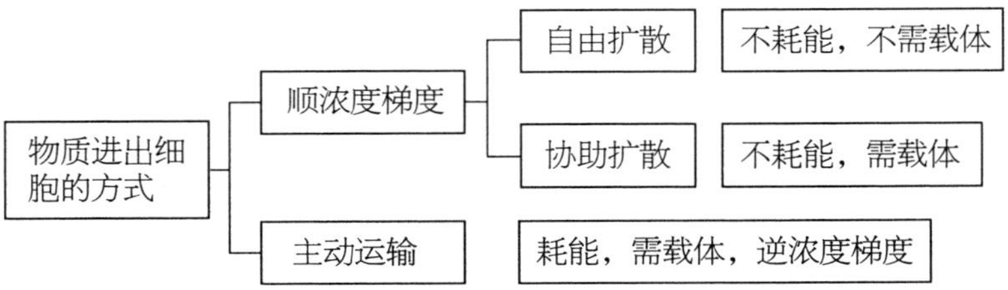

图 16

文本 2

文本概念图梳理

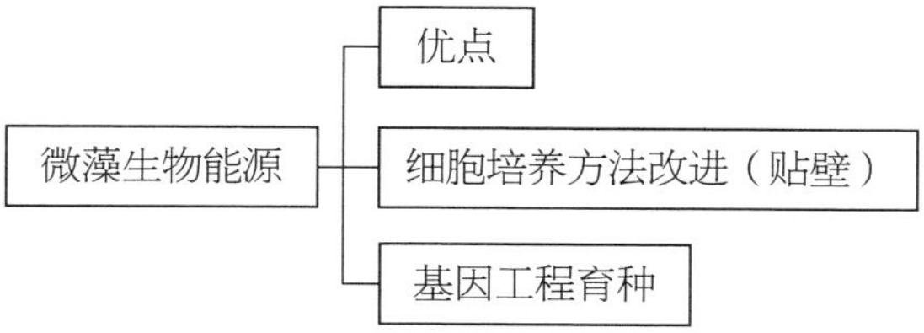

图 17

文本关联学科知识图

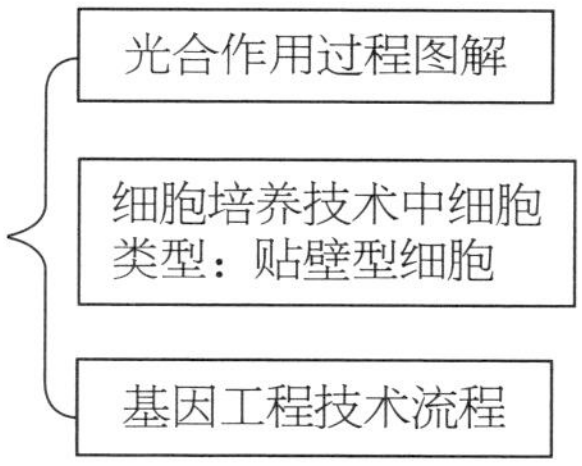

图 18

附 2：考查问题的能力要素分析

文本 1 分析

第（1）小题，在理解能力层次上，考查了物质跨膜运输的方式所涉及的结构、条件的辨认与比较，考查了生命观念中的“结构与功能观”“物质与能量观”。设问以填空形式考查，属于相对容易的考查。

第（2）小题，考查了学生获取信息的能力及文本信息的获取转化能力，属于应用能力层次中的推理要素。

第（3）小题，设问形式发生了转变，以选择题形式呈现，丰富了试卷的作答形式。考查能力属于理解层次的“辨认、比较和解读”。

第（4）小题，考查文本信息的获取转化能力，渗透考查生命观念中的“信息观”；以填空形式考查降低了难度，属于应用能力层次中的推理要素。

文本 2 分析

第（1）小题，考查光合作用的过程中涉及的结构和物质，考查了生命观念中的“结构与功能观”“物质与能量观”，属于理解能力层次的考查。

第（2）小题，考查了学生获取信息并对“微藻贴壁培养系统可以降低成本”进行归因分析，属于应用能力层次的考查。设问以长句文字叙述表达，或摘录文中关键信息。

第（3）小题，根据所学知识“基因工程的流程”，结合文本信息，写出利用基因工程培育高脂质含量微藻的基本操作程序，考查了文本信息获取能力、类比推理能力和技术流程的科学表述能力。

第（4）小题，考查文本信息获取转化能力和知识迁移能力，属于高阶思维的考查。

附 3：文本训练参考答案

文本 1

（1）协助扩散 / 易化扩散　　（跨膜）H^+ 浓度差

（2）胞间连丝

（3）ABD

（4）信息传递

文本 2

（1）光合色素　　NADPH（[H]）和 ATP

（2）降低培养成本方面：培养所需的培养液更少；微藻浓度相对较高，因而可能获得更高的产量。降低采收成本方面：与从培养液中

提取相比，从膜上采收微藻的操作更简单；无须脱水处理，降低了能量消耗

（3）获取苹果酸酶基因、构建基因表达载体、将苹果酸酶基因导入微藻细胞中、对微藻中苹果酸酶基因进行检测并测定脂质含量

（4）净化污水；生产藻类营养品、药品等（合理即可）

科技文本《光合产物如何进入叶脉中的筛管》阅读训练学案

一、科技文本当堂练习（限时 8 分钟，完成所有小题，保留阅读和解题过程中的痕迹和记录）

文本 1 【北京市 2021 年高考生物卷科技文本阅读题】

学习以下材料，回答（1）~（4）题。

光合产物如何进入叶脉中的筛管

高等植物体内的维管束负责物质的长距离运输，其中的韧皮部包括韧皮薄壁细胞、筛管及其伴胞等。筛管是光合产物的运输通道。光合产物以蔗糖的形式从叶肉细胞的细胞质移动到邻近的小叶脉，进入其中的筛管－伴胞复合体（SE-CC），再逐步汇入主叶脉运输到植物体其他部位。

蔗糖进入 SE-CC 有甲、乙两种方式。在甲方式中，叶肉细胞中的蔗糖通过不同细胞间的胞间连丝即可进入 SE-CC。胞间连丝是相邻细胞间穿过细胞壁的细胞质通道。在乙方式中，蔗糖自叶肉细胞至 SE-CC 的运输（图 1）可以分为 3 个阶段：①叶肉细胞中的蔗糖通过胞间连丝运输到韧皮薄壁细胞；②韧皮薄壁细胞中的蔗糖由膜上的单向载体 W 顺浓度梯度转运到 SE-CC 附近的细胞外空间（包括细胞壁）中；③蔗糖从细胞外空间进入 SE-CC 中，如图 2 所示。SE-CC 的质膜上有“蔗糖 $-H^+$ 共运输载体”（SU 载体），SU 载体与 H^+ 泵相伴存在。胞内 H^+ 通过 H^+ 泵运输到细胞外空间，在此形成较高的 H^+ 浓度，SU

载体将 H^+ 和蔗糖同向转运进 SE-CC 中。采用乙方式的植物，筛管中的蔗糖浓度远高于叶肉细胞。

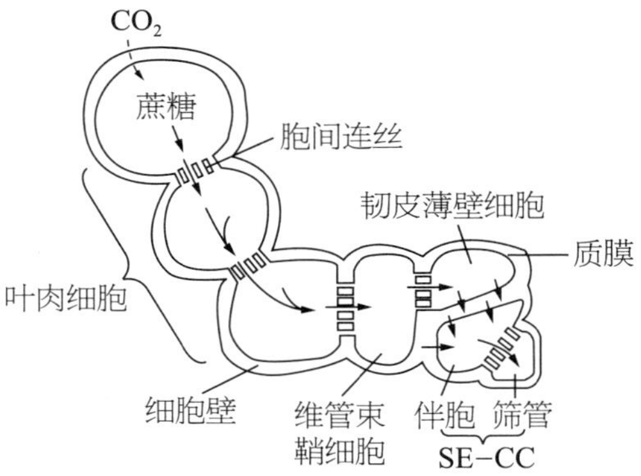

图 1

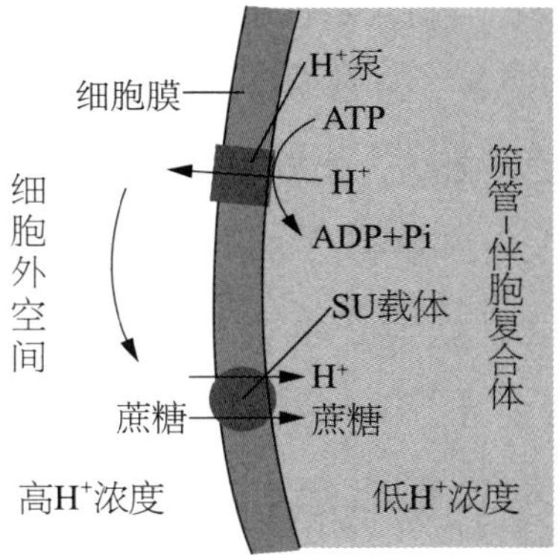

图 2

研究发现，叶片中 SU 载体含量受昼夜节律、蔗糖浓度等因素的影响，呈动态变化。随着蔗糖浓度的提高，叶片中 SU 载体减少，反之则增加。研究 SU 载体含量的动态变化及调控机制，对于了解光合产物在植物体内的分配规律，进一步提高作物产量具有重要意义。

（1）在乙方式中，蔗糖经 W 载体由韧皮薄壁细胞运输到细胞外空间的方式属于________。由 H^+ 泵形成的________有助于将蔗糖从细胞外空间转运进 SE–CC 中。

（2）与乙方式比，甲方式中蔗糖运输到 SE–CC 的过程都是通过________这一结构完成的。

（3）下列实验结果支持某种植物存在乙运输方式的有________。

A. 叶片吸收 $^{14}CO_2$ 后，放射性蔗糖很快出现在 SE–CC 附近的细胞外空间中

B. 用蔗糖跨膜运输抑制剂处理叶片，蔗糖进入 SE–CC 的速率降低

C. 将不能通过细胞膜的荧光物质注射到叶肉细胞，SE–CC 中出现荧光

D. 与野生型相比，SU 功能缺陷突变体的叶肉细胞中积累更多的蔗糖和淀粉

（4）除了具有为生物合成提供原料、为生命活动供能等作用，本文还介绍了蔗糖能调节 SU 载体的含量，体现了蔗糖的________功能。

二、根据文本 1 的解题总结和课堂指导，写出自己在科技文本阅读题解题中存在的问题及自己的阅读和解题思路。

三、应用概念图或思维导图对文本《光合产物如何进入叶脉中的筛管》进行重构。

文本内容重构：

四、完成第二道科技文本阅读题，并进行文本的知识内容重构。

文本 2 【北京市 2021 年等级性考试生物模拟二】

阅读以下材料，回答（1）~（4）题。

微藻生物能源

随着化石能源的不断消耗，人类对能源短缺和环境恶化造成的世界性问题越来越感到担忧。2010 年上海世界博览会，中国馆向世界介绍

了微藻生物能源。微藻的种类繁多，如蓝藻、螺旋藻、小球藻等，其结构简单，通常呈单细胞、丝状体或片状体。细胞含有蛋白质、脂质、糖、无机盐、维生素和叶酸等。与其他能源植物相比，微藻具有诸多优点：培养过程不受地域、季节限制且不占用农用耕地；生长速度快，产量高；有些微藻脂质含量高达20% ~ 70%，可作为生产生物柴油、乙醇等的新原料；作为可再生生物质能源，微藻在整个生命周期不会增加大气中的二氧化碳，且在生长过程中能吸收氮、磷等物质，从而净化环境。

多种光生物反应器可用于微藻培养。如图1，开放培养反应器是一个与外界相通的开放浅池。封闭培养反应器内部和外界有一定的隔离措施，图2是由若干透明玻璃管组成的封闭培养反应器。使用这两种反应器时，由于微藻细胞微小且悬浮于水体中，浓度较低，因此采收时需要进行脱水处理，脱水的设备耗能大约占整个生物质获取过程的90%。利用许多微生物具有附着在物体表面生长的特点，近年来又发展了微藻贴壁培养系统（图3），此系统是将微藻附着在滤纸上形成一层较薄的"藻类膜"，通过极少的培养液浸润基质为微藻提供营养和水分。采用该系统可大大降低培养成本和采收成本。

图1

图2

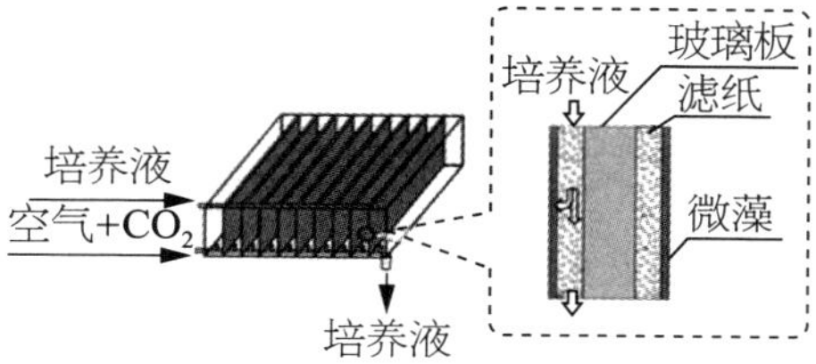

图 3

提高微藻生物质产量、降低原料成本的关键是培育高脂质含量的藻种。微藻育种的主要途径有自然选育、诱变育种和基因工程育种。研究表明，苹果酸酶是固碳的关键酶。通过将额外的苹果酸酶基因导入某种微藻可以实现苹果酸酶的高表达，显著提高油脂积累量。

目前微藻能源化仍存在着一些技术和成本问题，相信在技术水平不断提高和设备环境不断改善以及政策资金的支持下，微藻能源将快速全面普及。

（1）微藻细胞中的________能够吸收、传递和转化光能，光反应产生的________可用于暗反应过程。

（2）与开放和封闭反应器相比，微藻贴壁培养系统可以降低培养成本和采收成本的原因分别是________。

（3）根据文中信息，简述利用基因工程培育高脂质含量微藻的基本操作程序________。

（4）结合文中信息，请写出微藻除生产生物能源外的另一用途________。

第三节

基于典型非连续文本阅读的教学设计案例

范例鉴赏 11

表格信息类文本阅读训练的教学设计

教学内容分析	本节课学习与训练的对象是高中生物非选择题中常见的“表格信息类”非连续文本。非连续文本形式很多，表格类文本能以特有的形式直观、精准地呈现数据文本和数据特点以及数据变化的规律。表格文本的信息展现比相同信息量的文字文本有突出的表达优势。本节阅读训练课共有 4 个表格信息类文本，前 2 个文本案例设计为课堂学习和实例讲解，后 2 个文本案例设计为课堂学习后的自主训练作业。资料 1 表格信息呈现的是实验设计及相应实验结果，适合训练分析实验设计中自变量、因变量变化、数据特点和数据变化规律。资料 2 表格信息呈现的内容和训练能力要素与资料 1 相同，只是研究对象不同，资料 1 和资料 2 属于类同设计，有利于重复训练，提升和巩固表格类信息文本的阅读技巧和方法。资料 3 和资料 4 这两个文本信息量较小，阅读难度不大，形式上属于简单的数据例举比较，阅读时，结合题目中的文字信息部分进行思维整理便能获取完整的信息，加工后便能解决考查的问题。资料 5 属于逆向训练，将文本信息转换为表格信息，有利于对表格类信息文本的阅读理解

续表

<table>
<tr><td>教学目标分析</td><td colspan="3">典型的表格类非连续文本在高中生物学习中，主要见于习题训练。但在日常生活中，表格类信息文本较为常见，如药品说明书、一般期刊文章、新闻文稿等。实用类的阅读能力是 PISA 国际测试重点测试要素，也是发展学生核心素养的关键能力。因此，本节表格类信息文本阅读训练课的教学目标定为：（1）认识表格类信息文本的特点和规律；（2）结合题目文字信息，剖析资料 1 和资料 2 中的实验变量，逆向还原表格信息所对应的实验设计；（3）归纳资料 1 和资料 2 实验类表格文本阅读的技巧和方法；（4）熟练完成资料 3 和资料 4 的阅读训练。对资料 5 完成信息的逆向转换</td></tr>
<tr><td>教学策略分析</td><td colspan="3">第一步，进行资料 1 和资料 2 文本的课堂训练，发现和归纳阅读表格类信息文本时存在的问题。第二步，结合问题，对资料 1 和资料 2 做案例精讲，归纳文本特点、规律，总结阅读技巧和阅读方法。第三步，学以致用，课堂完成资料 3 和资料 4 两个表格类信息文本的阅读解答训练，进一步归纳和总结</td></tr>
<tr><td colspan="4">教学环节：阅读训练，归纳特点规律，总结技巧方法</td></tr>
<tr><td>教师活动</td><td>学生活动</td><td>阶段目标</td><td>评价方式</td></tr>
<tr><td>提出本节课的学习目标：掌握表格类信息文本的特点、规律以及阅读技巧和方法。

布置任务 1：用 4 ~ 5 分钟，完成资料 1 阅读，并完成学案中的 3 个子任务</td><td>明确本节课的学习任务和需解决的问题。

阅读资料 1，完成 3 个子任务。部分学生汇报阅读后任务完成情况。

阅读资料 2，完成 4 个子任务</td><td>写全资料 1 涉及实验的三个自变量和因变量。

能标出表格中有价值的数据。

用书面文字表达资料 1 表格的全部信息。

流利汇报，能自我评价任务完成情况，并能评价其他同学的完成情况</td><td>阅读过程中的专注度、阅读习惯。

卷面测评，各子任务的完成情况，书面表达的规范程度和正确率。

自评和互评的积极性，评价时的思维严密性，完成阅读问题解答的修正和笔记</td></tr>
</table>

续表

教师活动	学生活动	阶段目标	评价方式
组织学生汇报子任务的完成情况，引导交流和互评。 安排资料 2 的阅读训练，限时 4 ~ 5 分钟。 组织汇报前 3 个子任务，引导自评和互评，教师给予表现性评价。 引导学生比较归纳资料 1 和资料 2 表格信息类文本的特点、规律，引导总结表格信息类文本阅读的技巧和方法。板书	汇报前 3 个子任务，自评与互评任务的完成情况。 比较归纳资料 1 和资料 2 文本的相同点和不同点，总结表格信息类文本的阅读技巧和方法	完成资料 2 的阅读训练；对表格类信息文本的阅读完成技巧和方法的总结。 完成资料 2 阅读训练，并进行自我纠正和总结。 从特点、规律和技巧方法层面完成比较归纳	资料 2 文本训练的学案测评。 表现性评价，评价汇报、自评和互评的参与度、积极性和完成情况。 对归纳、总结的过程和效果进行表现性评价
教学环节：学以致用，巩固训练			
教师活动	学生活动	阶段目标	评价方式
在对资料 1 和资料 2 阅读训练、解析的基础上，对知识和能力迁移应用，布置资料 3 和资料 4 的课堂训练，限时 8 ~ 10 分钟。 随机抽查学生，完成 2 个资料的阅读测试答案订正和解析。 布置资料 5 阅读训练任务，训练表格类信息文本的逆向还原	在资料 1 和资料 2 阅读训练的基础上，完成资料 3 和资料 4 的课堂训练。 汇报、订正问题。 完成文字文本到表格文本的转化	快速准确地完成资料 3 和资料 4 中的阅读训练任务。 完成阅读资料训练问题的订正。 根据文字信息，列出对应表格	资料 3 和资料 4 中阅读训练考查测试。 对汇报过程、问题分析的正确性给予表现性评价。 表格正确性、完整度测评

续表

教师活动	学生活动	阶段目标	评价方式
总结本节训练课的根本任务：掌握表格类信息文本的特定规律，此类文本阅读的技巧和方法	聆听、归纳整理笔记	书面整理本节课成果要点	本节训练课过程性评价

课例分析

这是一节习题训练课，也是一节典型非连续文本阅读训练课，主要是针对表格类信息文本的阅读训练。表格类信息文本在生物学实验报告中普遍存在，也是实验中实验设计信息、实验结果呈现的主要形式。在高考命题中，非选择大题中表格类信息文本出现频率极高。

在高中生物学教学和学习中，针对表格类信息文本的专项训练是必要的。表格类信息文本能以简明、直观的形式，将大量的文字信息简要直接地呈现出来，这是表格类信息文本的特点。无论是例举分组还是例举数据，表格存在的核心含义是“比较”，因此，在阅读中要紧紧围绕“比较”，读出有特点的组别，读出有特点的数值，寻找组别和数据背后的规律。这样，结合文字信息和概念知识，破解表格类信息文本中的密码就比较容易了。这是表格类信息文本阅读的密码，也是技巧和方法。

课堂 4 个资料均包含将表格转换为文字信息的任务，通过逆向训练，将文本转化为表格的任务是资料 5 的创新之举。举一反三是学习的基本规律，反向思考、逆向思维是知识深度理解和迁移应用的关键途径。

附：表格信息类文本特点及阅读作答策略

表格作为典型非连续文本，具有承载信息量大、数据多且有相关性的特点。表格是调查研究数据和实验研究数据的主要呈现工具。表格中的表头信息反映了调查研究或实验研究自变量、因变量，隐藏着无关变量和实验目的。

多行多列数据的呈现主要在于数据规律的呈现和不同情况下数据的比较。因此，表格类文本的阅读，应在题干实验背景和实验目的的基础上进行比较分析，寻找数据的最值，即最大值和最小值；寻找单行中的数据变化规律；寻找单列中的数据变化规律；将不同变量下的数据进行联系比较，寻找关联关系。

表格类文本阅读的难点在于数据的比较分析和数据的量化处理。多个自变量下的数据比较分析应按单变量原则分析比较，再综合分析数据关系。在量化处理数据时，需结合题干因变量的检测指标和生物学意义，如光合速率、净光合速率、呼吸速率、DNA 数目、染色单体数目等。

整体阅读时，建议先精读题干，确定好实验背景、实验目的，再梳理自变量、因变量，最后梳理数据的特点、规律，进行比较、分析和综合。

考查的问题往往聚焦于自变量、因变量。在多个自变量的数据表中，结合生物学意义考查实验结果和实验结论。量化数据的考查中，需要寻找数据变化规律，处理数值的量化关系并进行计算后作答。

表格信息类文本阅读训练的学案设计

资料 1（节选）

历史上，飞蝗引起的蝗灾在全球范围内曾造成严重的经济损失。我国科研人员确定了飞蝗的群聚激素。

（1）影响飞蝗种群数量变化的因素包括非生物因素和________。研究表明，在群聚激素影响下，飞蝗种群由散居型可转变为群聚型，形成超大型种群，可导致蝗灾。从种群特征分析，群聚激素导致________

发生改变。

（2）为确定飞蝗分泌的挥发性物质中，哪一种为群聚激素，科研人员分别向A区和B区通入不同物质，记录飞蝗在不同区域的停留时间，结果如下表所示。

组别	A区		B区	
	通入物质	停留时间（s）	通入挥发性物质	停留时间（s）
第1组	溶剂	430	苯乙腈（PAN）	170
第2组	溶剂	190	4–乙烯基苯甲醚（4–VA）	410
第3组	溶剂	285	苯乙醇（PhA）	315

科研人员据此初步确定4–VA是群聚激素，判断依据是________。

任务1：根据表格信息，还原实验设计中的自变量，分别是________，________，________。

实验中的因变量是________。

任务2：在表格中标出最有价值的信息。

任务3：用一段话详尽描述表格所要呈现的信息。

资料2（节选）

番茄不同种植模式对其抗虫也有一定的影响。研究者对番茄单作、番茄与玫瑰邻作两类种植模式下番茄田中的烟粉虱及其天敌进行了调查，结果见下表。

种植模式	番茄植株不同部位烟粉虱成虫数量（头/叶）			番茄植株的烟粉虱幼虫数量（头/叶）	天敌昆虫多样性指数
	上部叶	中部叶	下部叶		
番茄单作	22.7	3.2	0.8	16.5	1.2
番茄玫瑰邻作	1.4	0.2	0.1	18	2.2

据表可知，番茄与玫瑰邻作，可使烟粉虱天敌的多样性________，同时改变烟粉虱种群的________，从而降低种群数量。实践证明，番茄与玫瑰长期邻作有助于显著降低烟粉虱种群数量，推测主要原因是：________。

任务1：根据表格信息，还原实验设计中的自变量，分别是________，________，________。

实验中的因变量是________。

任务2：在表格中标出最有价值的信息。

任务3：用一段话详尽描述表格所要呈现的信息。

任务4：概括表格类非连续文本阅读时，信息获取、加工的途径和方法。

资料3（节选）

独脚金内酯是一类新发现的植物激素。为了探究独脚金内酯的作用，以及其与生长素在调控植物顶端优势中的相互关系，科研人员以拟南芥为实验材料，进行了相关实验。

（1）研究发现独脚金内酯合成受阻或不敏感突变体均无顶端优势，但生长素水平正常。科研人员将上述两种突变体与野生型（W）进行嫁接试验，培养后植株形态如下表所示。

组别	嫁接处理	结果（顶端优势）
1	突变体1的地上部分+W的根	有
2	突变体2的地上部分+W的根	无
3	突变体2地上部分+突变体1的根	无
4	突变体1地上部分+突变体2的根	?

分析上表，第 1 组嫁接植株表现出顶端优势，推测独脚金内酯合成部位最可能在________，其作用为影响侧枝的生长；第 2 组嫁接结果无顶端优势，可能的原因是突变体 2 为________（“独脚金内酯合成受阻突变体”或“独脚金内酯不敏感突变体”）；第 4 组的嫁接结果最可能为________。

任务 1：表格所反映的实验自变量和因变量分别是________。

任务 2：标出关键的一组信息，并说明理由。

任务 3：用一段话表述表格中的全部信息。

资料 4（节选）

研究人员对其中的森林灌草层植物进行了调查。

（1）植物中元素的含量及比例会影响有蹄类动物的取食偏好及营养状况。含碳（C）量高的________植物常含有大量不易被消化的等多糖类分子，口感较差。氮（N）元素含量高的植物营养成分更高。下表为灌草层中上述四类植物元素含量的测定及分析结果，据表中数据选择最适宜作为有蹄类动物食物的植物种类并解释原因 ________。

植物种类＼元素含量	含 N 量（%）	含 C 量（%）	C/N 值
嫩枝叶	2.41	45.36	19.92
禾莎草	2.05	42.50	22.05
杂类草	2.42	41.21	18.10
蕨类	2.43	44.00	19.78

任务 1：表格所反映的实验自变量和因变量分别是________。

任务 2：标出关键的一组信息，并说明理由。

任务 3：用一段话表述表格中的全部信息。

资料5（节选）

研究人员选取了生态环境相近、旅游干扰强度不同的A、B、C、D四个样地进行大鲵数量的调查，其中A、B两个样地属于重度旅游干扰地区，其中A地区旅游类型和游客活动主要为山水游，即下水游玩，每年游客在305万人次；B地区旅游类型和游客活动主要是休闲游，即游客行走，每年游客数量为188万人次。C、D两个样地属于轻度旅游干扰地区。其中C地区游客类型和游客活动是郊游，即居民生活、少许车辆，每年游客数量为0.60万人次；D地区无游客，只有居民生活，人数约0.15万人次。大鲵数量的调查结果如下：A区50尾，B区30尾，C区93尾，D区137尾。

请将上面一段文字信息以表格信息文本形式呈现。

范例鉴赏12

坐标柱状图文本阅读训练教学设计

教学内容分析	坐标柱状图是生物学中研究定性问题时常见的数据图。不同于坐标曲线图反映的定量研究，坐标柱状图一般反映某一类变量在不同情况下的研究目标的数量变化。坐标柱状图中的变量包括单变量和多变量，在一定情况下能反映某种自变量在变化情况下因变量的变化幅度。本节课训练所用的坐标柱状图由单柱状图递进到多柱状图，遵循学习难度的进阶和思维的进阶发展
教学目标分析	根据生物学文本中坐标柱状图的功能，以及高考试题中对坐标柱状图的考查分析，发展学生阅读坐标柱状图的专项阅读能力是核心目标。本节课结合文本内容，教学目标定为：（1）说明坐标柱状图的特点、规律。（2）完成单柱状图、多柱状图图文信息转换。（3）完成文本1 ~ 5中关于坐标柱状图的考查问题，总结考查规律和阅读策略。（4）完成文本6 ~ 7的考查训练

续表

<table>
<tr><td>教学策略分析</td><td colspan="3">第一，学生完成训练 1 和训练 2 两个简单的单柱状图文本题，目的在于暴露问题，摸清学生对于坐标柱状图的阅读能力和对应考查问题的作答能力。第二，通过对训练 1 和训练 2 考查问题的讲解，引导学生认识坐标柱状图的本质、内涵和特点。第三，学生完成训练 3 和训练 4 这两个复式柱状图的进阶训练，进一步扩展理解柱状图的特点和内涵。第四，学生完成训练 5 的练习，认识柱状图中定量研究问题，进行阅读和思维的高阶发展。第五，完成训练 6 和训练 7，完成本节课学习效果的测评，实现知识和能力的迁移与应用</td></tr>
<tr><td colspan="4">教学环节：单柱状图分析作答，暴露问题，分析特点和规律</td></tr>
<tr><td>教师活动</td><td>学生活动</td><td>阶段目标</td><td>评价方式</td></tr>
<tr><td>布置本节课任务 1，完成训练 1 和训练 2，限时 3 分钟。

观察学生的阅读行为和阅读习惯。

利用希沃助手上传不同学生的作答情况，引导学生相互评价，组织讨论，教师评价，进行问题汇总、总结。

对训练 1 进行讲解，强调阅读时注意自变量的特点、因变量的特点，同时对训练 1 和训练 2 的作答进行评价和指导</td><td>阅读训练 1 和训练 2 两个非连续文本中的柱状图，获取信息，回答问题。

对屏幕展示的其他同学的作答情况发表自己的看法。

聆听，纠正问题</td><td>通过柱状图练习暴露学生做这类图标阅读存在的问题，即作答时和书面表达的问题。

相互评价，课堂互动。

形成对简单柱状图的阅读方法，能用规律性的作答方法进行书面表达</td><td>课堂观察；信息技术软件希沃助手即时拍照上传大屏幕分享。

课堂观察；学生评价。

训练 1 和训练 2 作答的正确率，书写规范程度</td></tr>
</table>

续表

教学环节：多柱状图阅读训练，扩展柱状图内涵认识			
教师活动	学生活动	阶段目标	评价方式
布置课堂任务2，完成训练3和训练4的阅读与作答。 对训练3中“喷洒不同试剂情况下，三种检测指标”进行分析，引导学生说出自变量和因变量，指出图像变化的特殊性，阅读时需与题干信息相结合。 对训练4进行讲解，强调常规复式柱状图中两个自变量或多个自变量的情况	完成阅读与作答。 聆听解析，认识到柱状图中的因变量或检测指标可以出现在横坐标上。 认识多个自变量的柱状图，认识多自变量的实验结论的综合性	感知复式柱状图的难度，认识特点和作答规律。 认识复杂柱状图的特点	课堂观察；训练3和训练4答案的正确性和完善程度。 问题作答，课堂观察。 训练3和训练4的作答情况；课堂观察；希沃助手及时展示分享评价
教学环节：柱状图中定量分析，阅读难度和思维进阶训练			
教师活动	学生活动	阶段目标	评价方式
布置训练5的阅读作答，统计全班正确率。 对训练5阅读作答进行分析与讲解，重点梳理“不同CO_2浓度和不同施肥条件下净光合速率的数值”，并对数值做量化分析	阅读训练5文本，并完成题目作答。 聆听，领悟定量分析的方法	进一步认识到柱状图的考查特点，即定量研究考查。掌握柱状图定量考查与阅读作答规律	训练5文本的阅读作答。 课堂观察

续表

教学环节 4：完成阅读能力发展检测，迁移应用			
教师活动	学生活动	阶段目标	评价方式
总结以上训练 1 ～ 5 文本的阅读特点和解答规律。 明确课堂新目标，完成训练 6 和训练 7 阅读作答。 组织学生完成讲解和相互评价	总结柱状图文本的特点、阅读方法和解答规律	柱状图阅读与作答方法的迁移应用	完成训练 6 和训练 7，完成两个训练文本的讲解与评价

附 1：训练文本考查能力层级及能力要素分析

直接考查坐标柱状图的问题，主要聚焦于从图像信息解读实验结论，推断自变量或因变量，或者推断研究因变量变化的原因，或者对出现某些实验结果的原因进行分析。坐标柱状图的考查能力层级包括“理解”层级的“解读”要素，主要考查“应用”能力层级，包括“推理”和“归因”。比如：

训练 1，考查对坐标柱状图中实验结果信息的解读，将图中信息转化为文字信息即可完成作答。

训练 2，分析同训练 1。根据图像信息，解读得出“存在海獭的生态系统鱼类多样性高于缺少海獭的生态系统”的实验结论。

训练 3，分析同训练 2。考查“理解”能力层级的“解读”能力要素。

训练 4，两个问题依据图像信息推测“对照组设置”和“结论推测”，均属于“应用”能力层级的“推理”能力要素。

训练 5、训练 6 和训练 7 中的考查问题，均依据图像信息，对相关的结论推测进行判断和选择，属于“应用”能力层级的“推理”能力要素。

附 2：坐标柱状图信息类文本特点及阅读作答策略

坐标柱状图是反映实验结果的一种形式，其特点主要在于反映自变量与因变量的定性研究，同时反映了因变量一定的量的变化。坐标柱状图可分为单柱状图和多柱状图。多柱状图中自变量有 2 个以上，反映的结果既有不同变量下的结果对比，也有不同变量下结果的定量变化。

阅读坐标柱状图紧扣实验结果，抓住“坐标”这个核心框架，即首先阅读获得实验的自变量和因变量、自变量的数量、因变量的数值，以及不同自变量下因变量的数值关系。当然，文本中的坐标柱状图并不是孤立存在的，阅读时需要仔细审题，结合题干文字文本，获取全部的信息进行分析综合。

坐标柱状图类问题的作答，根据问题难易程度运用不同策略。简单考查问题聚焦于自变量、因变量和实验目的，直接阅读获取信息作答。中等难度问题一般考查对实验结论进行分析并作答：一方面，作答需要紧扣实验目的；另一方面，梳理自变量变化情况下因变量的变化趋势。如果是多柱状图，有几个自变量，就要书写几个实验结论。难度最大的考查问题是在不同自变量下，对因变量增加或者减少的幅度分析，以此分析自变量的作用效果是促进还是抑制。

坐标柱状图文本阅读训练学案

训练 1

栽培黄瓜是由野生黄瓜驯化而来，野生黄瓜和栽培黄瓜植株中均存在苦味素合成酶基因 A。

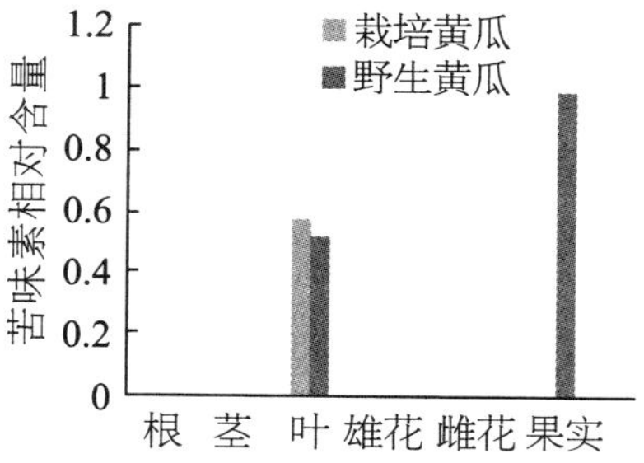

（1）上图比较了野生黄瓜和栽培黄瓜植株中苦味素（使黄瓜具有苦味的物质）的相对含量。据图可知，与野生黄瓜相比，栽培黄瓜的特点是________。

训练 2

18～19 世纪，海獭曾因人类的猎杀导致濒临灭绝，直至海獭毛皮贸易被禁止，数量才逐渐恢复。为研究海獭对其所处生态系统的影响，进行了相关研究。研究者比较存在海獭和缺少海獭的生态系统（如图 1），结果显示________。

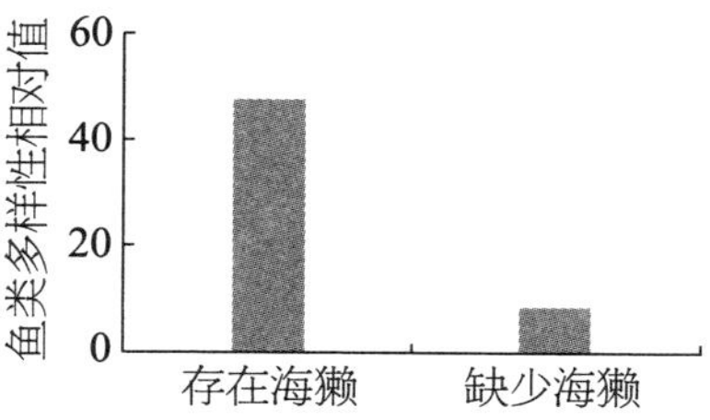

图 1

训练 3

火棘为我国传统观果植物，可作为春节的年宵花。科研人员单独喷施质量浓度均为 20mg/L 的三种生长调节剂，每 10 天 1 次，连续喷施 3 次，结果如下图，该结果不能得出的结论是（　　）。

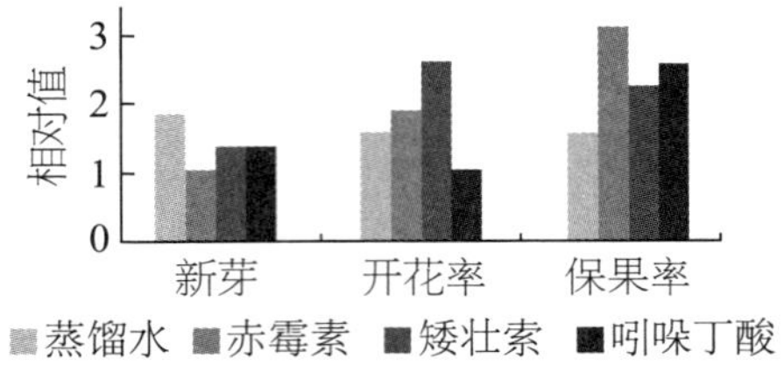

A. 三种生长调节剂对芽均起抑制作用

B. 培育火棘作年宵花时可选用赤霉素

C. 吲哚丁酸对开花和保果的作用相反

D. 三种生长调节剂均表现出来两重性

训练 4

探究桔梅奇酵母对酸腐病的生物防治作用。在柑橘果实中部等距离刺两个孔，其中一孔接种白地霉和桔梅奇酵母菌悬液。一段时间后统计果实发病率并测量白地霉菌丝生长情况。

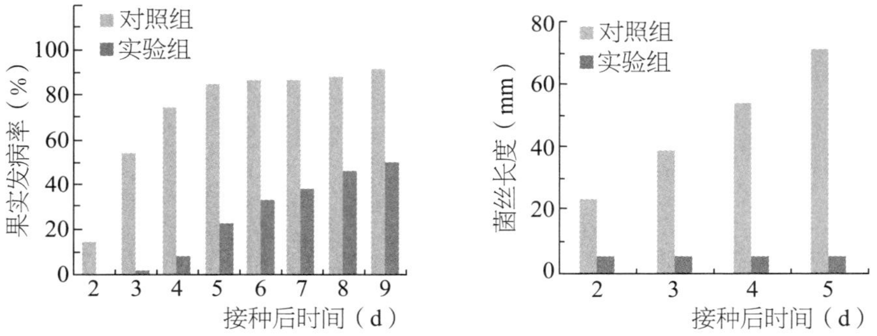

图 1　　图 2

另一个孔作为对照组的处理是________。综合图 1、图 2 结果，推测________。

训练 5

在 25℃、适宜的光照下，测定人工气候室中小麦抽穗期的净光合速率，结果如下图所示。下列相关叙述不正确的是（　　）。

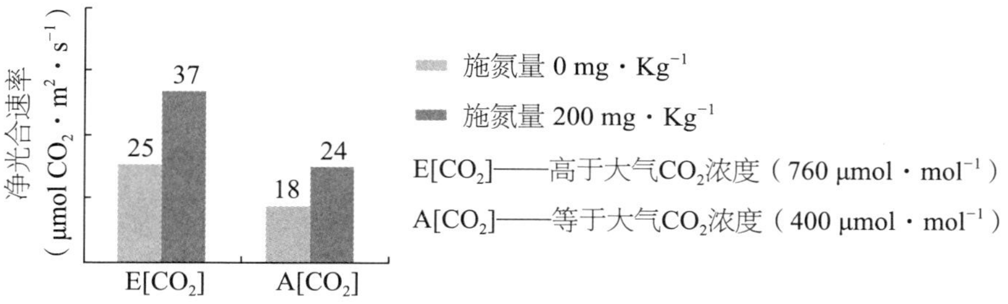

A. 施氮可同时影响光合速率和呼吸速率

B. 增施 CO_2 和施氮均可提高小麦产量

C. CO_2 浓度对产量的影响大于施氮量

D. 可通过控制室温进一步提高产量

训练 6

在有或无机械助力两种情形下，从事家务劳动和日常运动时人体平均能量消耗如图。

对图中结果叙述错误的是（　　）。

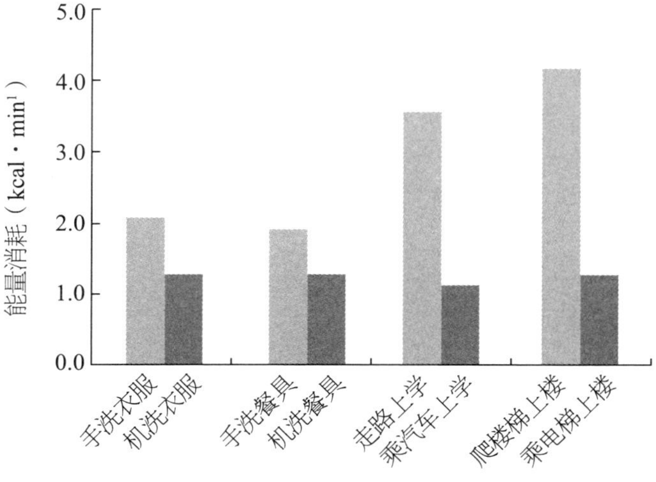

A. 走路上学比手洗衣服在单位时间内耗能更多

B. 葡萄糖是图中各种活动的重要能量来源

C. 爬楼梯时消耗的能量不是全部用于肌肉收缩

D. 借助机械减少人体能量消耗就能缓解温室效应

训练 7

为研究不同海藻对隆头鱼捕食水虱的影响，在盛有等量海水的水箱中分别放入相应的实验材料，一段时间后检测，结果如图（甲、乙、丙为三种不同本地藻）。

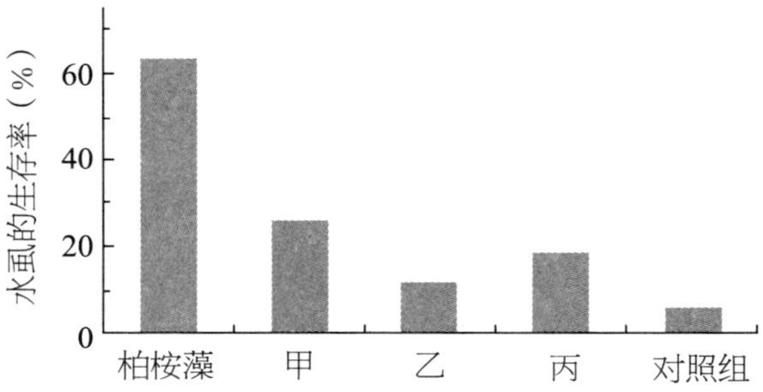

该实验的对照组放入的有________。

范例[①] 鉴赏 13

曲线图类文本阅读训练的教学设计

教学内容分析	从内容分析看，本节是单元教学中承上启下的一节课。在学会连续文本阅读的基础上，以实验结果分析和资料阅读的方式，加入非连续文本坐标轴内曲线图阅读策略的内容

① 此范例由卫青华老师提供。

续表

教学内容分析	本节内容主要辅以一定体积内酵母菌数量变化的真实数据，通过构建坐标轴内酵母菌种群数量变化的曲线图数学模型，以学会定量曲线图的阅读为重点，将混合文本的内容放置于课后习题中，供本节课学习完迁移应用。坐标轴内曲线图的阅读策略和本节内容逻辑结构适合用建构模型的思维方法学习，因此，本节课组织内容宜少而精，突出重难点。 从内容载体分析，本节内容适合发展学生信息观、系统观等生命观念；在概念建构中充分利用表图转化、归因、推理、归纳、比较等科学思维，在课堂阅读实践分析和课后实践应用。本节课是发展学生阅读品质和阅读素养的良好载体，结合等级考原题，结合本单元前一节内容，培养学生关注科学·技术·社会方面的议题，并能提出合理的解决方案
教学目标分析	从内容分析，本节课学生需要学到以下内容：坐标轴内定性曲线图和定量曲线图的区别；坐标轴内的曲线图非连续文本一般是用来反映实验结果的，但实际上，以坐标轴内点为基础，连接构成的定量曲线不仅反映了自变量和因变量之间的相互数据关系，还渗透了实验者实验目的、实验材料、实验变量和实验方案等实验要素。在单元框架内，学习单式曲线图和复式曲线图的阅读策略。 从概述要求分析，需构建单式曲线图和复式曲线图阅读策略流程图，需构建曲线图一般阅读策略整体性的概念模型。 从学业要求分析，在构建阅读策略概念模型过程中，发展生命观念、科学思维、科学探究和社会责任四项核心素养。在此基础上，对单式曲线图和复式曲线图实际问题进行科学阅读分析综合，得出科学结论或进行科学阐述
教学思路	通过分析定性曲线图和定量曲线图，比较两种曲线图的区别，再认识定量曲线图中的单式曲线图和复式曲线图，暴露学生在阅读曲线图中存在的问题；通过一定体积下酵母菌种群数量变化数学模型的构建，让学生亲身体验单式曲线图上点的含义和整条曲线反映的问题本质；通过阅读资料 1，训练学生阅读思维，寻找阅读单式曲线图的阅读策略；通过阅读资料 2，训练学生阅读思维，寻找阅读复式曲线图的阅读策略；通过阅读资料 3，小组合作讨论，构建阅读曲线图的阅读解题策略；通过阅读资料 4，升华阅读曲线图所在题目混合文本的阅读解题策略

续表

教学环节：问题驱动，自主阅读学习			
教师活动	学生活动	阶段目标	评价方式
介绍曲线图并展示定量单式曲线图和复式曲线图。 展示资料提供真实实验数据，引导学生阅读数据。 布置任务1，老师巡视并借助希沃助手技术手段评价指导学生构建模型。 布置任务2，并展示资料1：单式曲线图。 展示资料2：复式曲线图。 问题引导，与学生合作，训练学生阅读思维。 布置任务3，老师巡视指导并借助希沃助手软件辅助评价指导学生建模。 通过谈话法引导学生完善阅读策略模型	阅读定量单式曲线图和复式曲线图。 阅读资料。 构建模型，绘制酵母菌种群数量增长曲线。 学生自主阅读。 汇报阅读成果。 小组合作阅读资料3并讨论利用方框、文字和箭头以流程图的形式构建曲线图的一般阅读策略模型。 每组代表汇报本组构建的曲线图阅读策略模型，其他同学聆听并校正完善模型。 阅读资料每小组派代表汇报阅读成果	暴露问题，引起注意。 激发学生表图转换思维，培养学生建模意识。 强化学生对曲线图的认知能力。 训练阅读思维，寻找阅读策略。 寻找阅读曲线图的规律。 构建曲线图的一般阅读策略模型。 完善曲线图阅读策略模型。 首尾呼应，解决问题	对学生阅读曲线的热情利用激励性语言进行过程性评价。 利用激励性语言对学生阅读态度和效果进行过程性评价。 借助希沃助手软件和文本学案对学生构建的模型进行过程性评价。 通过师生对话借助表扬性语言对学生阅读曲线图的态度、方法进行过程性评价。 通过师生对话借助表扬性语言对学生汇报阅读成果的积极性、阅读的成果、策略进行过程性评价。 利用激励性语言对学生小组合作意识、构建曲线图的一般阅读策略模型的热情，借助希沃助手软件和文本学案对学生构建的模型进行过程性评价。 通过师生对话借助表扬性语言对学生交流问题的积极性，通过小组赋分形式对学生思考问题的准确性进行过程性评价

续表

教师活动	学生活动	阶段目标	评价方式
展示资料引导学生运用阅读策略模型解决问题。 布置任务 4 并展示资料 4 和资料 5。 统计小组赋分和被表扬次数总值	阅读资料 4 和资料 5。 构建曲线图的等级考试题阅读策略模型。 分小组计算本组赋分和被表扬次数总值	使学生内化阅读策略模型。 升华曲线图的等级考试题阅读策略模型。 提升阅读自信，维持阅读热情	通过小组赋分形式对学生汇报阅读的准确性进行过程性评价。 利用激励性语言对学生阅读态度，借助希沃助手软件和文本学案对学生升华的模型进行过程性评价。 利用小组赋分和被表扬次数总值对学生本节课的表现和收获进行终结性评价
教学环节：学习成果展示与评价			
教师活动	学生活动	阶段目标	评价方式
借助希沃助手技术手段展示学生学习成果。 问题引领，通过谈话式教学展示学生完成任务 2 的成果。 借助希沃助手软件展示学生小组构建的定量曲线图一般阅读策略模型。 展示暴露问题的两幅曲线图。 借助希沃助手技术手段展示学生小组合作完成的有曲线图的等级考试题阅读策略模型	展示学案上绘制的酵母菌种群数量增长曲线。 通过师生谈话、生生谈话式汇报阅读资料 1 和资料 2 学习成果。 阅读并通过师生谈话、生生谈话式校正完善模型。 再次阅读两幅曲线图。 阅读模型并勘误	强化学生对定量单式曲线图的认知能力。 总结阅读定量单式曲线图、复式曲线图的阅读策略。 构建完善的定量单式曲线图、复式曲线图的一般阅读策略模型。 检查学生本节课学习成果，并内化阅读策略模型。 升华曲线图的阅读策略模型	借助希沃助手软件和文本学案对学生构建的模型进行过程性评价。 通过对话借助表扬性语言对学生汇报的阅读策略进行过程性评价。 借助 PPT 和文本学案对学生构建的模型进行过程性评价。 通过小组赋分形式对学生的学习成果进行过程性评价。 借助希沃助手软件和文本学案对学生本节课学习成果进行终结性评价

曲线图文本阅读训练的学案设计

任务 1：请根据表中数据在坐标轴内绘制酵母菌种群数量的增长曲线。

时间（天）	0	1	2	3	4	5	6	7	8
酵母菌数量（106 个）	2.88	6.56	18.19	46.38	107.3	160	191.2	192.5	192.6

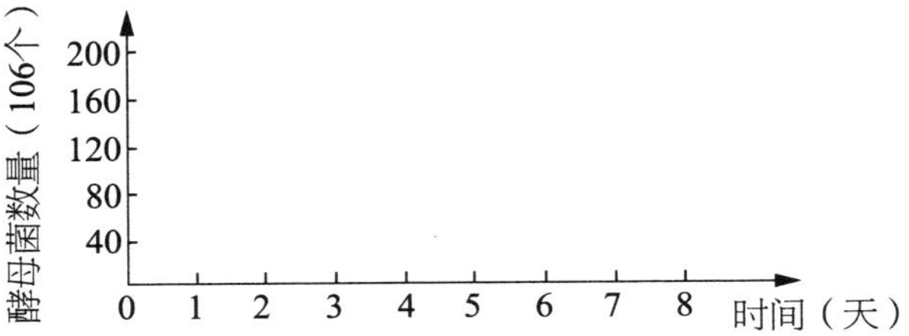

任务 2：阅读以下资料，寻找阅读策略。

资料 1（2020 年合格考 2 原题节选）

带鱼加工过程中产生的下脚料富含优质蛋白，随意丢弃不仅浪费资源，还会污染环境。利用木瓜蛋白酶处理，可以变废为宝。请回答问题：

（2）为确定木瓜蛋白酶的最适用量和最适 pH，研究人员进行了相关实验，结果如下图所示。

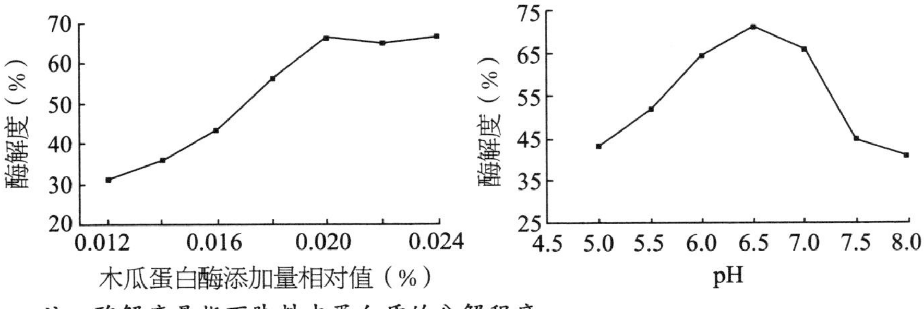

注：酶解度是指下脚料中蛋白质的分解程度。

据图分析，木瓜蛋白酶添加量应控制在________%，pH 应控制在________，偏酸、偏碱使酶解度降低的原因是________。

资料 2（2020 年合格考 2 原题节选）

苹果树有开心形和圆冠形两种树形，如下图所示。为探究树形差异对光合作用的影响，科研人员进行了实验研究。请回答问题：

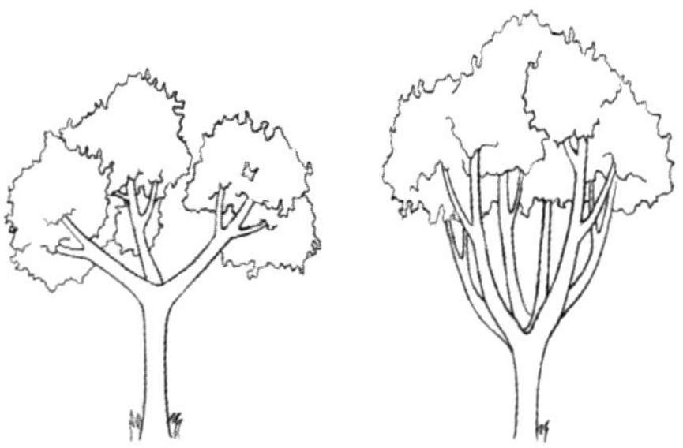

（2）实验结果如下图所示，实验的自变量除树形外，还有________。

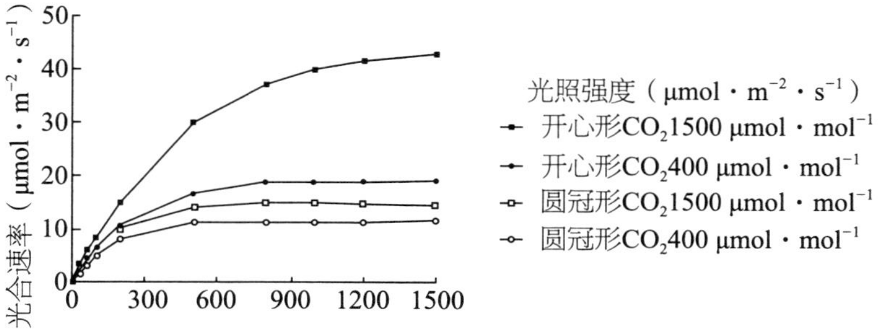

（3）据图分析，更有利于苹果树进行光合作用的条件是________，推测可能的原因是________。

任务 3：小组合作阅读资料 3 并讨论利用方框、文字和箭头以流程图的形式构建曲线图的一般阅读策略。

资料 3（2013 年北京卷题目节选）

为研究棉花去棉铃（果实）后对叶片光合作用的影响，研究者选取至少具有 10 个棉铃的植株，去除不同比例棉铃，3 天后测定叶片的 CO_2 固定速率以及蔗糖和淀粉含量，结果如图。

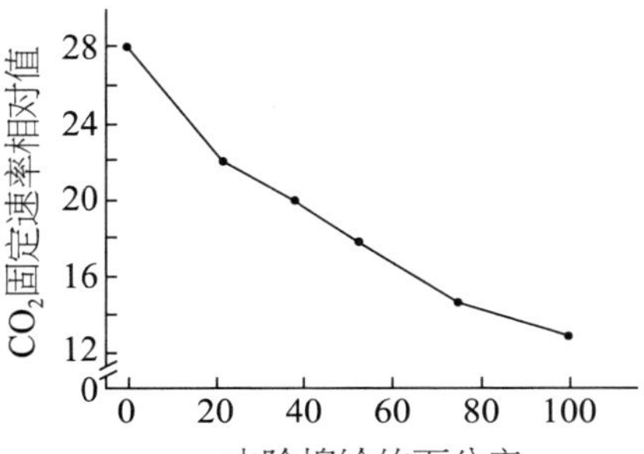

图 1

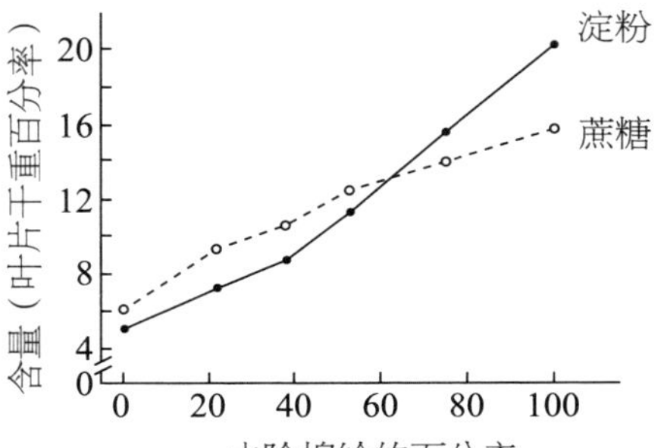

图 2

（2）由图 1 可知，随着去除棉铃百分率的提高，叶片光合速率________。本实验中对照组（空白对照组）植株的 CO_2 固定速率相对值是________。

（3）由图 2 可知，去除棉铃后，植株叶片中________增加。已知叶片光合产物会被运到棉铃等器官并被利用，因此去除棉铃后，叶片光合产物利用量减少，________降低，进而在叶片中积累。

（4）综合上述结果可推测，叶片中光合产物的积累会________光合作用。

任务 4：阅读资料 4 和资料 5，升华有曲线图的等级考试题阅读教学模型。

资料 4（2019 年北京卷题目节选）

流行性感冒（流感）由流感病毒引起，传播速度快、波及范围广，严重时可致人死亡。

（4）研究者通过实验观察NA抗体对病毒侵染细胞的抑制作用。主要实验材料包括：感染流感病毒后63天、21天的两位康复者的NA抗体（分别为D63、D21）、对照抗体、流感病毒和易感细胞。

②图中实验结果表明，这两位康复者均产生了抗NA的抗体，其中对流感病毒抑制效果较好的抗体是________，选用的对照抗体应不能与________特异性结合。

③依据本实验结果提出疫苗研制的思路。

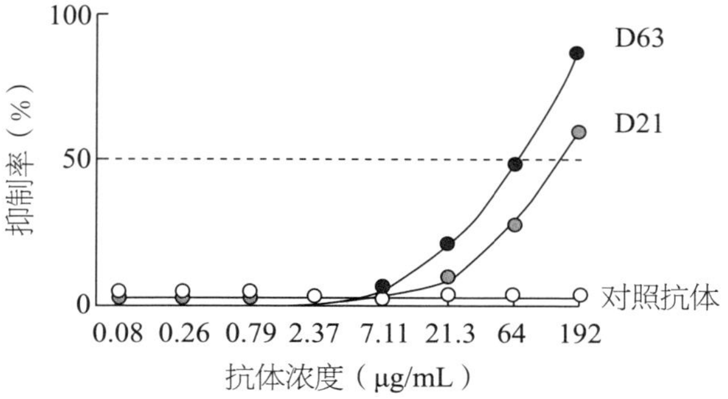

（5）若你已被确诊为流感患者，请例举具体的应对措施。

资料5（2021年北京等级考试题目节选）

胰岛素是调节血糖的重要激素，研究者研制了一种“智能”胰岛素（IA）并对其展开了系列实验，以期用于糖尿病的治疗。

（1）正常情况下，人体血糖浓度升高时，________细胞分泌的胰岛素增多，经________运输到靶细胞，促进其对葡萄糖的摄取和利用，使血糖浓度降低。

（3）为评估IA调节血糖水平的效果，研究人员给糖尿病小鼠和正常小鼠均分别注射适量胰岛素和IA，测量血糖浓度的变化，结果如图3。

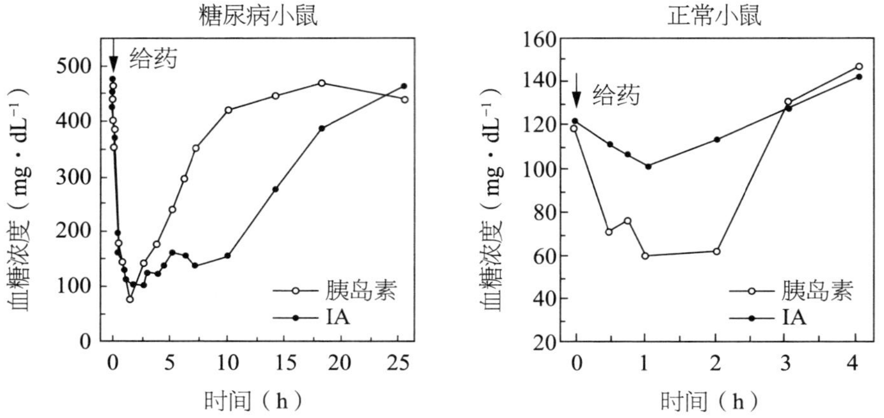

图3

本实验中实验组是________________

该实验结果表明IA对血糖水平的调节比外源普通胰岛素更具优势，体现在________。

（4）请结合本题信息，提出一个关于IA可以进一步研究的科学问题：________。

第四节
基于课外阅读的教学实践成果

课外阅读教学实践成果 1①

依托校本课程提升高中学生专业文本阅读能力

近年来，北京市的生物高考试题命题思路有两大特征：一是在真实的情境中考查学生解决实际问题的能力；二是开放性答案的设问逐年增多，要求学生书写的文字量很大。加上很多试题都依据全球顶尖期刊的论文编写，所以需要老师在高中的生物课堂上着重培养学生的专业文本阅读能力。笔者想起自己上高中时语文学科除了课本还有语文的读本，用于培养学生的阅读能力，于是萌发了编写一本适合高中学生阅读的生物学科读本的想法。于是我就搜集相关文章编写了校本教材《浮光魅影——那些与高中生物有关的人和事》，现将此校本阅读教材编写和课程实施过程中的一些感悟和做法与各位老师分享，希望能为其他学校高中学生专业文本阅读能力的提升提供借鉴。

一、校本阅读教材编写背景

大概在三年前，我读到方舟子先生写的介绍艾弗里肺炎双球菌实

---

① 此教学实践成果由常振宇老师提供。

验的文章《科学史上著名公案——艾弗里为何没得诺贝尔奖》，那是我第一次感受到我们高中生物课本上每一个知识点的背后都有一段故事，科学家和我们一样，也有喜怒哀乐、恩怨情仇。我特别想编一本书把这些文章介绍给我的学生，并在每一篇文章后面加上我当时的读后感，使之成为培养学生学习兴趣的生物读本。于是就有了校本教材《浮光魅影——那些与高中生物有关的人和事》中的第一部分，这一部分选取的文章都是科学史，以及科学家在科学研究过程中的趣事，表达科学家对科学的热爱和执着。

我上大学是在 2002 年，当时选择生物学是因为我的高中老师告诉我 21 世纪是生物的世纪。上了大学，院系的领导和老师也是这么说的。而我在大学期间和工作的头几年从未感受到 21 世纪是生物的世纪，我一度以为老师说的是不是 2050 年以后。但从 2010 年开始，我感觉老师说的是对的。我们用手机浏览网页时，稍微关注一下科技前沿，就会发现生物学取得了新进展。作为生物老师，我们也极其容易找到新颖的材料来导入或扩充我们的教学内容。生物学的发展日新月异，在发展的过程中涌现了许多杰出的科学工作者。教材的第二部分介绍了生物学最前沿科技以及进行这些研究的国内外顶尖的科学家，特别介绍了我国科学界优秀的中青年科学家饶毅和施一公，还有生物学界最耀眼的新星、1983 年出生的华人张锋。希望大家能感受到科学从不高高在上，科学家就在与你我同行的人中。

在搜集文章的过程中，另一些文章吸引了我，那就是科普文章。当我们被那些古今中外的科学家事迹感动之后，我们可以通过科普文章进一步感受生物学的魅力。这些文章中以美国南加州大学医学院朱钦士先生的作品居多。生活处处皆生物，你在儿时一定好奇做梦是怎么一回事？长大的你依然很好奇，我们是否可以控制梦境，像《盗梦空间》一样？你可曾意识到我们今天不良的习惯会偷偷修饰我们的DNA，给我们的子代带来不利影响？你可曾无数次问自己到底是谁？你是否知道超短裙的出现是因为肺结核的研究？你是否想过我们为什么要吃饭？你是否幻想终有一天人类将长生不老？你是否困惑今天科技这么发达了，为什么我们连小小的感冒都无法消灭？这些问题的答案都在教材的第三部分。

二、校本阅读教材编制的意义

《高中生物课程标准》指出：生物学是一门以实验为基础的自然科学，实验教学应为学科教学主线。科学探究作为生物学科的核心素养，也要求学生能够发现现实世界中的生物学问题，针对特定的生物学现象，进行观察、提问、实验设计、方案实施以及结果的交流与讨论。本教材中所选文章都体现了《高中生物课程标准》的要求，对于提升学生的生物学素养极为有益，很多文章都是专业的论文，对于培养学生的连续文本阅读能力和非连续文本阅读能力也起到极为重要的作用。

三、课程实践过程

整个课程的开发与实践大致分为两个阶段：一是教材的研发编写和出版，历时三月有余；二是利用教材进行课堂教学实践，这一阶段从2016年12月开始，一直延续到2019年6月。在我校以后的高三生物复习中，会根据当年的生物学研究热点，及时对教材内容进行增减和改编。

教材编写之初，我们就确定了以几位生物科学史上的著名人物为线索进行编写。但是相关科学家的顺序一直没有定下来，通过几次研讨，最终决定就以对我触动最深的方舟子先生的文章为起始，先编写那些已逝的著名科学家的故事，再在第二个篇目中选择当今几位著名生物学家进行介绍。文章及顺序基本排版完毕后，我又利用一次高中生物高端引领工程培训教师外出研讨的机会，将此书的底稿与我区多位生物教师进行交流，最终将本教材的受众确定为亟待提升各项能力的高三理科学生和一些想要开阔视野的生物教师。

通过两轮的课程实施，我将此教材与高三生物复习有机结合，例如将教材第一部分“消失在风中的身影”融入一轮复习。其中《科学史上著名公案——艾弗里为何没得诺贝尔奖》放在“DNA 是主要的遗传物质”这一节中，《孟德尔，孤独的天才》放在“孟德尔和豌豆杂交实验”中，《我爱达尔文》放在“现代生物进化理论”中，《命运的螺旋——克里克和沃森》放在“DNA 的结构与功能”中，《弗朗西斯·克里克：科学的猎手》放在“基因对性状的控制”中，《破解谜团：B 淋巴细胞发现 50 年》放在“免疫调节”中。教材的第二部分“与你我同行”的使用集中在一轮末和第二、三轮复习中，和最新试题相结合。第三部分“平常中蕴含非常”以科普阅读为主，主要以课外阅读的形式展开。

在使用教材备课和课堂实践的过程中，我越来越感觉到学生生物学各项能力的培养取决于教师生物学素养，而教师生物学素养的高低又取决于教师在教学的过程中教学技能的不断提高和终身学习的能力。例如，2016 年 8 月，我在完成我区研修员布置的一项作业——命制 5 道高三模拟练习的原创试题的过程中，选用了教材中一些篇目的相关最新科研论文。等到了 2017 年 3 月，我在带领学生使用丰台区和石景山区的高三第一次模拟理科综合生物试卷练习时，发现有三道试题与我的材料都有相似之处，2018—2021 年的各城区试题也有很多涉及教材中的文章。

四、课程实践的效果

依托本教材，我讲了两节区级研究课“孟德尔遗传规律的复习”和“器官移植中的免疫调节”，对应着教材的第5页《孟德尔二，孤独的天才》和第41页《破解谜团：B淋巴细胞发现50年》。两次课都获得了极高的赞誉，说明本教材不仅对学生学习很有帮助，而且对教师也很有价值。教师可借助其中很多素材在课堂上加以拓展和应用，达到很好的教学效果。

依托本教材，我又编写了与教材配套的试题，选择了2017年和2018年北京市高考题和各城区高三生物期末试题、模拟试题中与本教材相关的试题，充分说明本教材所选择的前沿科学文章确实是科学热点。由于生物学的发展日新月异，新成果层出不穷，这就要求我们每一年都要对本教材第二部分的部分文章进行删减替换，这样才能使此教材成为对学生学习生物学极为有益的一本生物读本。

通过本教材的阅读，学生不仅能学到与日常生物课堂教学相关的生物学知识，还可进一步了解生物学发展的历史、现状和前景，感受生物学家优秀思维品质和科学思维方法，有效提升自身的生物学核心素养以及加深对学科基本思想和观点的认识理解，从而更好地发展专业的文本阅读能力，增加对生物学的喜爱。

通过大量专业文本的阅读，学生会培养出较高的阅读素养。2018年11月，世界首例基因编辑预防艾滋病婴儿在中国诞生的事件引起社会的热议和科学界一致的声讨，我的两个毕业两年的学生发微信表达了他们的见解并询问我对这一事件的看法。他们在大学所学的专业都与生物无关，但是他们依然关心着生物学领域的热门事件，我觉得这就是我们运用校本教材对学生进行专业文本阅读培养成功的实例。

课外阅读教学实践成果 2[①]

依托科研情境的生物学科阅读教学设计
——以《甘蔗到底哪头甜？》一课为例

生物学学科阅读能力要求学生通过阅读生物学资料，获取生物学知识，并运用这些知识解决生物学问题。高三生物的练习题大多以“真实验、真情境”为背景的一篇或多篇顶尖杂志的科研论文来命制，这就对学生生物学学科阅读能力的要求越来越高。那么如何培养和提高学生的生物学学科阅读能力？笔者结合自己的一节高三生物复习课《甘蔗到底哪头甜？》谈一下拙见。

一、创设情境培养学生口头表达和书面表达能力

生物学是一门以实验为基础的自然科学，我们的生物学教学应该使学生能够发现现实世界中的生物学问题，针对特定的生物学现象，进行观察、提问、实验设计、方案实施以及结果的交流与讨论，从而培养学生的科学探究能力。创设使学生感兴趣的教学情境有利于培养其生物学科阅读能力。在这节课的第一个环节中，我以“甘蔗没有两头甜，世上美事难两全”的谚语引入，开门见山地提出问题：甘蔗到底哪头甜？学生依据自己的生活经验，提出四种假设：上部甜、下部甜、中间甜和一样甜。笔者马上引导学生思考：如何设计实验验证你的假设？那当然是吃了，可是如何吃呢？学生开始分成不同小组进行讨论，相互启发进行实验设计来验证自己小组的假设并将实验设计书写出来，这就培养了学生的口头表达能力和书面表达能力。在讨论时笔者引导学生思考：进行生物学实验时应注意实验的自变量、因变量；实验的

① 此教学实践成果由常振宇老师提供。

对照原则、单一变量原则和平行重复原则；无关变量的控制；等等。师生在相互碰撞中达成共识：一定要多个人吃，因为一个人吃有味蕾钝化的问题；对实验进行双盲设计，即19个男生19个女生为实验参与者，教师负责统计结果，5名学生负责分甘蔗并标号，只有这5名学生知道标号的含义，这样能最大限度地降低主观感受给实验带来的误差；样本数量尽可能多；每名学生吃的3块甘蔗应取自上、中、下3个节；吃的甘蔗块应大小一致；等等。笔者肯定了实验设计的合理性，通过这种定性的分析，应该能得出甘蔗到底哪头甜的答案。但是现代科学的一个基本观念是定量分析，那么如何定量检测含糖量？学生不是特别清楚，笔者依次展示了手持糖度计、带电子读数的便携式糖度计的测糖方法和原理。那么能不能不破坏水果的结构（不通过品尝）就能知道水果的甜度呢？有学生联想到地铁安检时用的红外线探测仪，这种迁移就是典型的创造性思维。笔者给学生展示了近红外光谱无损测糖技术，让学生体验定量检测的结果越来越精确，体会科学的严谨性。

二、以论文分析为载体培养学生获取、搜寻和整合信息的能力

每一年的北京高考考试说明中都有对生物试题的评价，其中最常见的一句话是“本题以一个真实的科学研究为背景……”，由此可见，在高三的生物课堂上必须让学生把知识还原到具体的科研情境中去，这就要求学生能够读懂科研论文。那么我们在这节课中讨论的这些问题究竟有没有人发表过相关的论文呢？如果要查找相关论文应该怎样检索？教师展示以“甘蔗”为关键词在中国知网上检索出的很多篇文章，再以“蔗糖糖分测定”为关键词检索出20篇论文，其中《应用近红外高光谱成像技术预测甘蔗可溶性固形物含量》这篇论文，让学生知道他们的思考能够“落地”。在这篇论文中，实验的结果以散点图

（图 19）的形式呈现，这有利于培养学生的观察能力、空间想象能力和图文转换能力。另一篇论文《甘蔗节间蔗糖含量与和蔗糖代谢相关的 4 种酶活性之间的关系剖析》中的一项实验结果可以证实甘蔗的下部（靠近根部）较甜，通过带领学生阅读这篇论文，可以让学生知道甘蔗下部甜的分子机制，同时也培养了学生获取信息的能力。这篇论文的结尾处提出了下一步研究的方向是与 SPS 这种酶相关基因表达的情况，我们以“甘蔗”和“基因表达”为关键词检索出将近百篇论文，其中第 14 篇论文是《甘蔗 SPS 基因家族成员表达与糖分积累关系解析》，这样引领学生深入思考甘蔗下部甜的分子水平的原因。这篇论文中的实验结果（图 20）的呈现形式也很新颖别致，用不同的形状代表不同品种甘蔗的 SPS 基因表达的情况，有组织部位和不同 SPS 基因两个自变量，可以再次培养学生非连续文本的阅读能力。通过这几篇论文的分析，学生从甘蔗到底哪头甜的感性认识逐渐深入到细胞层次的机制，再深入到分子层次的机制，这样学生获取、搜集和整合信息的能力得以提升。

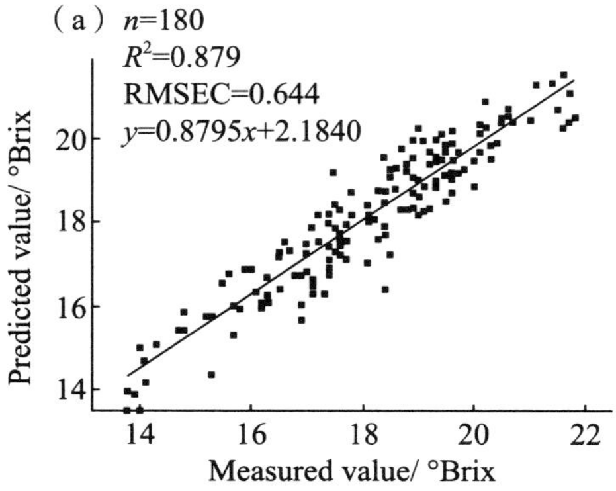

图 19

甘蔗糖分积累后期SPS家族基因的相对表达量比较

组织部位	SPS Ⅰ	SPS Ⅱ	SPS Ⅲ	SPS Ⅳ	SPS Ⅴ
幼叶	▲	▲	▲	▲	▲
正3叶	■	▲	■	■	■
茎第2节	▲	▲	■	■	●
茎第9节	▲	●	■	●	●
茎第14节	▲	▲	▲	■	▲
茎第18节	▲	▲	▲	■	●

▲低糖品种表达量高 ■高糖品种表达量高 ●差异不明显

图 20

三、由课堂阅读延展到课外阅读培养学生的评价和反思能力

在这节课的最后，要检验学生的学习情况，我让学生用一段话来解释甘蔗为什么下部甜，这既能评价学生的学习情况，也能培养学生的反思能力和逆向思维能力。因为整节课我们是由表及里、逐层深入地探明了甘蔗为什么下部甜，而学生要想很好地概括甘蔗下部甜的原因，就必须综合运用整节课的内容来分析。另外，甘蔗下部甜可能还有别的原因，比如不同节间水和糖的比例关系等，这就将学生的阅读视角从课堂学习转向课外阅读，使学生能够多维度地思考问题。最后笔者为学生的课外阅读抛出一个引子——“源库流理论”：植物的叶子是进行光合作用制造养料的器官，称为“源”（像河流的源头），而根茎、种子和果实是储存养料的器官，称为“库”（像三峡水库），而养料从叶子中运输到根茎等储存起来的过程称为“流”。“源库流理论”不仅能解释甘蔗为什么下部（库）甜，还能解释很多种现象。我再次向学生展示以“源库流理论”为关键词检索出的多篇论文，其中科学家第一次提出“源库流理论”是在对碳水化合物在棉花植株体内的分配方式的研究过程中，北京市 2013 年的高考题就以此为背景。此外，几乎所有的和光合作用有关的试题都可以联系到源库流理论，这体现了这

一理论的普适性。那么有没有不能用这一理论解释的情况呢？我告诉学生真的有，一篇题为《库源调节对沙糖桔源叶光合特性的影响》的文章提道："多年来，对植物源库调控关系的机理前人进行了较多的研究。目前桃、人参、小麦、杏等植物试验研究结果都支持'光合末端产物反馈抑制假说'这一观点，但在苹果、樱桃上发现减弱库力（去果实）对源叶光合效率影响并不大，故目前该假说还存在一定的争议性。在柑橘方面库源关系的改变是否也影响其源叶光合特性的研究未见报道。本研究通过人为调控沙糖桔的库源关系去果降低库力后对沙糖桔源叶光合特性的影响，以期为补充、完善光合末端产物反馈抑制假说提供帮助。"这一段话可以培养学生的评价和反思能力，使他们认识到任何理论可能都有普适性和局限性，例外的出现不一定会否定原有理论，也很有可能是对原理论的补充。学生能体会到生物学的研究永无止境，一项研究结束后会带来新的思考和新的研究方向，多位科学家的共同努力会使我们越来越接近问题的本质。这种对很多实验内容的抽提和升华有助于学生生物学学科阅读素养中的高阶能力评价与反思的培养。

上完课后有一位学生跑来问我要与这节课有关的论文，他想好好阅读一下。这位学生想以科研作为他的终身职业，我想这就是我们对学生进行学科阅读能力培养的直接结果。后来我经常把一些与课堂教学背景有关的论文打印出来，放在班级供学生阅读。

培养和提高学生的生物学学科阅读能力肯定是一项长期的工作，在教学中适时依托科研情境渗透学科阅读能力，可以更好地发挥学生的主观能动性和积极性，逐步使学生的生物学阅读能力得到稳步提高。长久的坚持不仅能提高学生的成绩，还能使学生终身受益。

后　记

走过20余年的生物学教学生涯，学科教材设计、考试形式都发生了变化。新课改前，教材内容设计刻板，语言生涩，内容是学科知识体系轮廓的堆砌，在课堂中，实施阅读教学便无多大的价值。新课改后前10年，初高中生物学教材的几个版本均出现了显著的变化，教材内容栏目变多，配图丰富，文字趣味性、生动性和可读性都大幅度增强。在新课改理念指引下，教学方式发生了根本性的改变，自主、合作、探究式的教学方式在课堂中逐步丰富起来，课堂从关注“教”向关注“学”转变，课堂主体由教师向学生转变。但是，高考评价并没有颠覆性的变革，高考命题知识性考查占据比例依然较大，虽然试题增加了灵活性和思维难度，但总的来说，“知识立意”的命题本质没有发生根本性的动摇。在此背景下，课堂教学必然追求知识的识记、理解和应用，目标决定形式，讲知识、练知识、考知识占据了多数课堂，即便教材内容已具有很好的可读性，也没有多大意义了。2014年，“立德树人”被定为教育的根本任务，至2017年，短暂的4年，高考命题方向在发生积极变化，各学科试题都朝着“能力立意”的方向发展。2016年中国学生发展核心素养正式公布，2017年高中各学科新版课程标准颁布，其中课程的首要理念均是“核心素养为宗旨”。自此，高考命题又步入“素养导向、能力立意”的新时代，中高考命题均加大了阅读题的难度，加大了试题整体的阅读量，题目的文本形式更加多样化。尤其是北京市中考科目物理、化学、生物命制有科普阅读题，高考命题显著增加了图表等非连续文本的阅读量，2020 年北京高考生物卷命制有“科技文本阅读题”。显然，阅读素养是考查的重点，阅读素养是核心素养“自主学习”的必备基础。一个崭新的课题摆在教师面前：如何发展学生的阅读素养？如何在生物学课堂内外发展学生生物学文本阅读素养？

在新问题的驱动下，笔者和笔者的同事们申报了一项课题《北京高考生物卷阅读题命制探析与教学对策研究》，该课题被北京市教育学会立项。在开题论证后，课题团队对高考科技文本阅读题教学策略进行了研究，在研究实践中逐步形成的研究成果是本书的主体和基础。在此，特别感谢课题组的同事们，因为有了他们的智慧和辛苦，才有了本书的出版。特别感谢常振宇老师撰写了第二章第六节“高考科技文本阅读题的演化规律及特点分析”，这是他近年教研和思考的成果；特别感谢卫青华老师、庄玉静老师和曹凯老师，与他们一起研究课题是件幸福的事情，由他们提供的教学实践案例是本书理论成果的重要支撑。

当然，区区成果不足一谈，仅仅是在倡导核心素养的时代为从事生物学阅读教学的同人们提供一些实践参考。由于笔者和同事们理论认识尚浅，研究水平有限，研究成果必然存在或多或少的问题，这也是我们课题组进一步研究阅读教学的动力。诚请阅读到此书的同人给予批评和指正，您的意见是我们做好阅读教学和完善此书的坚强动力。

任智安

2022 年 4 月于永中